# 유한진 이유나의 행복 만들기
## - 천연캔들, 프리저브드 -

### 유한진 이유나의 행복 만들기
- 천연캔들, 프리저브드 -

초판인쇄 | 2016년 9월 5일
초판발행 | 2016년 9월 9일
저　　자 | 유한진·이유나
펴 낸 이 | 권 호 순
펴 낸 곳 | 시간의물레

등　　록 | 2004년 6월 5일
주　　소 | 서울시 마포구 마포대로 4다길 3, 1층
전　　화 | (02)3273-3867
팩　　스 | (02)3273-3868
전자우편 | timeofr@naver.com
블 로 그 | http://blog.naver.com/mulretime
홈페이지 | http://www.mulretime.com

▶ ISBN 978-89-6511-159-7 (12630)

정가 12,900원
ⓒ 유한진·이유나 2016

* 이 책의 저작권은 저자에게 출판권은 시간의 물레에 있습니다.
* 잘못 만들어진 책은 교환해드립니다.

천연캔들, 프리저브드

**유한진 이유나의 행복 만들기**

## 책을 내면서

제자와 스승으로 만나 10년이란 시간을 보내며,
공방에서 함께 작품들을 담기 시작했습니다.
예술을 존중하고, 사랑하는 모든 분들에게 이 책을 바칩니다.

저자 유한진·이유나

# Contents

## ♠ 천연캔들

1. 캔들의 종류 ·················· 6
2. 캔들의 재료 ·················· 8
3. 작업시 필요한 도구 ············ 12
4. 작업시 유용한 도구 ············ 13
5. 캔들에 나타나는 트러블 ········ 14
6. 작업 전 유의사항 ·············· 15
7. 캔들 기본 ···················· 16
   1) 컨테이너에 심지 고정하기
   2) 몰드에 심지 고정하기
8. 캔들 만들기 ·················· 18
   첫째, 컨테이너 캔들 ·········· 18
   - 컨테이너 소이캔들
   - 티라이트 캔들
   - 우드윅 캔들
   - 여행용 캔들
   - 플라워 캔들
   둘째, 필라 캔들 ·············· 38
   - 베이직 필라 캔들
   - 크리스탈 캔들
   - 크레용 캔들
   셋째, 디자인 캔들 ············ 50
   - 키세스 캔들
   - 시나몬 캔들
   - 메시지 캔들
   - 카네이션 캔들
   넷째, 기타 방향제 ············ 67
   - 왁스 타블렛
   - 석고 방향제
   - 디퓨저
   - 룸스프레이
   - 향수

## ♠ 프리저브드 플라워

1. 프리저브드 플라워란 ·········· 86
2. 프리저브드 플라워 역사 ········ 87
3. 프리저브드 플라워 도구 ········ 89
4. 프리저브드 플라워의 기법 ······ 90
   1) 와이어 기법
   2) 블루밍 기법
5. 프리저브드플라워 만들기 ······ 98
   1) 화기 ···················· 99
   - 한 송이 카네이션 어렌지먼트
   - 빈티지 화기 어렌지먼트
   - 테이블 센터피스
   2) 꽃바구니 ················ 110
   - 내추럴 꽃바구니
   3) 플라워박스 ·············· 114
   - 햇 박스
   - 파베 플라워 박스
   - 오렌지 플라워 박스
   4) 인테리어 소품 ············ 126
   - 자연소재를 이용한 액자
   - 마블 이젤 액자
   - 탁상시계
   - 리스
   - 쥬얼리 박스
   5) 악세서리 ················ 142
   - 프렌치 마리안 팔찌
   - 트로피칼 머리띠
   6) 기념일 ·················· 148
   - 발렌타인데이
   - 어버이 날
   - 생일
   - 결혼기념일
   - 베이비 샤워
   - 졸업식

# 1. 캔들의 종류

### 1) 컨테이너 캔들(Container Candle)

우리에게 가장 익숙한 캔들로 금속, 유리병, 세라믹 등 용기에 담겨있는 캔들
용기에 담겨있어 캔들을 태울 때 촛농이 밖으로 흐르지 않아 실용적이며 안전하게 사용할 수 있다.

### 2) 티라이트(Tea Light)

찻주전자를 데우는 용도로 쓰이던 초로 작은 알루미늄 용기나 폴리카보네이트(PC) 용기에 담긴 캔들. 다른 종류와 달리 왁스가 완전히 녹은 상태로 연소되기 때문에 심지가 넘어지지 않도록 심지탭을 끼워놓은 경우가 많다. 초가 작고 개당 가격이 싸기 때문에 이벤트용으로도 쓰거나 아로마 램프 등에 열을 가해 데워주는 역할로도 많이 사용한다.

### 3) 필라 캔들(Pillar Candle)

가장 흔하고 자주 볼 수 있는 형태로 다른 홀더나 용기 없이 스스로 서 있을 수 있는 기둥모양의 캔들. 미사, 제사용, 사찰 기도용 초 등도 포함된다. 용기가 없어 촛농이 흐르기 때문에 꼭 받침이나 접시 위에 올려놓고 사용해야 한다.

### 4) 보티브 캔들(Votive Candle)

제례용으로 사용하던 작은 초에서 유래된 초로 지름이 4cm, 높이가 5cm 안팎인 작은 원기둥 모양의 캔들을 말한다. 필라 캔들과 마찬가지로 촛농이 흐르기 때문에 전용 홀더에 담아 사용하는 걸 원칙으로 하며 캔들 전문브랜드 등에서는 샘플러로 활용하기도 한다.

### 5) 테이퍼 캔들(Taper Candle)

촛대나 홀더에 꽂아 사용하는 가늘고 긴 막대 모양의 캔들.
심지를 촛농이 담긴 통에 담갔다 뺐다를 반복하여 만든 가늘고 긴 초로 기둥 형태이긴 하지만 필라와 달리 전체적으로 가늘고 아래가 위보다 굵다. 아랫면이 평평하지 않은 경우가 많으며 일반적으로 연상하는 서양 고성이나 레스토랑 등지의 촛대에 끼워진 긴 초를 생각하면 된다.

### 6) 스퀘어 캔들(Square Candle)

사각 모양의 캔들.
보통 초는 심지를 중심으로 원형으로 타들어 가기 때문에 사각 초는 가장자리가 녹지 않는다. 대신 인테리어 소품이나 또 다른 느낌의 캔들을 만들고 싶을 때 만든다.

### 7) 플로팅 캔들(Floating Candle)

물에 뜨는 캔들로 물에 띄울 수 있도록 아랫부분이 좁아진 모양의 캔들.
물이 담긴 유리 용기 안에 아크릴, 구슬 등을 넣어 장식한 뒤 물 위에 캔들을 띄워주면 로맨틱한 분위기를 연출할 수 있다.

## 1) 왁스

캔들의 주재료로 물에 녹지 않으며 물보다 가볍다. 크게 천연 왁스와 인공 왁스로 나눌 수 있다. 천연왁스에는 소이 왁스, 팜 왁스, 비즈 왁스가 있으며, 인공 왁스에는 파라핀 왁스와 젤 왁스가 있다.

### (1) 천연왁스
#### ① 소이 왁스

대두(Soy Bean)의 생산량이 많은 미국에서 개발된 왁스로 100% 콩과 콩의 기름으로 만들어진 왁스이다. 대표적 특징 중의 하나가 융점이 낮다는 점인데 이 때문에 높은 온도에서 휘발되는 아로마 에센셜 오일을 이용한 캔들을 만들 수 있다. 뿐만 아니라 수축이 적으며, 깨끗하게 연소된다는 장점이 있다. 소이 왁스는 융점이 낮은 컨테이너용 소이 왁스와 융점이 높은 필라용 소이 왁스가 있다. 컨테이너용 소이왁스는 융점이 낮은 왁스로 용기에 잘 밀착이 되고 필라용 소이왁스는 융점이 높으며 수축이 잘되어 몰드에서 분리하기가 수월하다. 소이왁스는 브랜드에 따라 에코소야, 네이, 골든 소이왁스가 있다.

〈소이왁스 브랜드별 비교〉

| 브랜드 | 에코소야 | | 네이처 | 골든 |
|---|---|---|---|---|
| 제품명 | CB-Advanced | Pilla Blend | C-3 | GW-464 |
| 용 도 | 컨테이너<br>티라이트 | 필라<br>보티브 | 컨테이너<br>티라이트 | 컨테이너<br>티라이트 |
| 융 점 | 43.9℃ | 54.4℃ | 51~54.4℃ | 46.1~48.3℃ |
| 향 로드율 | 7~10% | 7~10% | 7~10% | 7~9% |
| 붓기 온도 | 53℃ | 68℃ | 55℃ | 70℃ |
| 표면질감 | 아주 좋음 | 아주 좋음 | 좋음 | 보통 |
| 발향력 | 보통 | 보통 | 좋음 | 아주 좋음 |
| 밀착력 | 보통 | - | 좋음 | 아주 좋음 |
| 특 징 | 프로스팅이<br>안정적 | 몰드에서 탈형이<br>쉬움 | 균일하고 부드러운<br>표면 | 작업이 까다로움 |

② 비즈 왁스
꿀벌이 생산하는 100% 천연 밀랍을 이용해 만든 동물성 왁스로 천연 항생제인 프로폴리스가 함유되어 건강에 좋은 왁스이다. 비즈 왁스는 일반적으로 깊고 부드러운 노란색을 띄는 비정제 비즈 왁스, 자연식으로 표백한 흰색의 정제 비즈왁스, 그리고 말아서 간편하게 만들 수 있는 비즈 왁스 시트 세 가지 종류가 있다. 연소시간이 길고 그을림이 없으며 따로 향을 첨가하지 않아도 은은한 벌꿀향을 느낄 수 있다. 융점은 62~63℃으로 높은 편이며 70~73℃일 때 붓는 작업을 한다. 또한 점도가 높기 때문에 심지를 선택할 때 한 두 단계 큰 사이즈의 심지를 사용해야 된다.

③ 팜 왁스
야자열매에서 추출해 만든 천연 식물성 왁스로 가장 큰 특징은 캔들을 만들었을 때 표면에 특유 모양의 무늬가 생긴다는 점이다. 팜 왁스는 결정모양에 따라 종류가 나뉘는데 얼음결정, 눈꽃 결정, 깃털 결정이 있다. 융점은 58~62℃으로 비교적 높은 편이며 붓는 온도에 따라 결정모양이 다르게 나타나며 선명한 결정을 감상하기 위해서는 88~95℃의 높은 온도에서 부어주어야 한다. 결정이 없는 캔들을 만들기 위해선 60~62℃에서 붓기 작업을 하면 된다.

**(2) 인공왁스**
① 파라핀 왁스
가장 대중적인 왁스로 컨테이너에서 테이퍼 캔들까지 다양한 형태의 캔들을 제작할 수 있다. 파라핀은 석유를 정제하는 과정에서 생긴 부산물로 캔들용으로 제조되는 파라핀은 인체에 무해하고 냄새가 없다. 파라핀은 융점에 따라 저온 파라핀, 일반 파라핀, 고온 파라핀으로 나뉘며 자연산 왁스에 비해 수축률이 크기 때문에 수축현상이 심한 편이지만 여러 가지 첨가제를 혼합해 보완할 수 있다.

② 젤 왁스
미네랄 오일과 폴리머를 일정 비율로 혼합한 후 가열하여 만들어지는 광물성 왁스로 투명하고 말랑거리는 특징이 있다. 투명한 질감으로 기포를 만들 수도 있기 때문에 어항 캔들, 맥주 캔들, 콜라 캔들, 과일잼 캔들 등 다양한 캔들을 만들 수 있다. 하지만 젤 왁스가 좋은 성분으로 만들어 진 것이 아니기 때문에 캔들 홀더를 만들어 사용하기도 한다. 젤 왁스는 파라핀에 비해 불꽃이 작고, 연소시간이 길며 융점이 90℃로 매우 높기 때문에 심지를 선택할 때 한두 치수 큰 사이즈로 사용해야 된다. 또한 온도 측정이 어렵기 때문에 저었을 때 저항감이 없으면 녹은 것이다. 젤 왁스에 색소나 향료를 넣어 작업할 때 나무젓가락으로 저으면 젤 왁스가 뿌옇게 변하기 때문에 꼭 스테인리스 재질로 된 스틱이나 스푼으로 저어주어야 한다. 또한 일반 향료를 사용할 경우 뿌옇게 변할 수 있기 때문에 꼭 젤 전용 향료를 사용해야 한다.

## 2) 심지

심지는 캔들의 에너지원의 열쇠로 연료펌프 역할을 하는 재료로 심지에 불을 붙이면 불꽃이 캔들의 표면에 닿으면서 왁스를 녹인다. 심지의 재료도 가연성이기 때문에 서서히 연소해서 짧아지는데 그 속도와 캔들의 소비속도가 균형을 이루도록 캔들의 지름과 심지의 굵기를 알맞게 해야 한다. 캔들을 작업하기 전에 만들 캔들의 지름을 측정하고 이에 맞는 심지를 선택해야 한다. 지름에 비해 작은 사이즈의 심지를 선택하면 안쪽만 타들어가는 터널링 현상이 발생할 수 있고, 지름에 비해 너무 큰 사이즈의 심지를 선택하면 예상 시간보다 더 빨리 연소하는 일이 생긴다. 또한 심지가 너무 길면 그을음이 생기거나 머쉬룸 현상(끝부분이 버섯모양으로 말리는 현상)이 발생할 수 있기 때문에 심지 길이는 3~5mm 정도로 유지해서 사용하는 것이 좋다. 심지 길이는 윅 트리머(심지가위)를 활용해 자르면 편리하게 관리할 수 있다.

① 면 심지(Cotton Cored Wick)
섬유로 만들어진 심지로 실용적이기 때문에 보편적으로 많이 사용하며 코팅해서 사용하기도 한다.

② 우드 심지(Wood Wick)
나무로 만든 심지로 타닥타닥 타는 소리가 매력적이라 최근 들어 인기가 높아지고 있다. 우드 심지를 이용한 캔들은 사용 후 갈변현상이 나타나기도 하며 심지 관리가 까다롭다는 단점이 있다.

③ 스모크리스 심지 & 에코심지(Eco Series Wick)
일반 면 심지보다 그을음 현상이 적고 셀프트리밍이 되기 때문에 캔들 초보자가 사용하기에 적합하다. 대신 면 심지보다 가격이 비싼 편이다.

④ 심지 탭과 심지 탭 스티커
컨테이너용 캔들을 제작할 때 필요한 부속품으로 심지를 세워주는 역할을 하는 심지 탭과 심지 탭을 컨테이너에 고정시키는 역할을 하는 심지 탭 스티커가 있다.

## 3) 염료

색상 있는 캔들을 만들고 싶을 때 사용하는 색소이다. 염료는 고체 염료와 액체 염료가 있다. 소량만 넣어도 발색이 잘되기 때문에 조금씩 넣어 색상을 체크해서 사용하는 것이 좋다. 염료대신 크레용을 사용하는 경우가 있는데 크레용에는 화학약품이 들어있어 캔들 사용할 경우 몸에 해로울 수 있기 때문에 반드시 캔들용 염료를 사용해서 제작해야 한다. 왁스가 굳으면서 색상이 연해지기 때문에 한 방울 떨어뜨려서 굳은 색상을 체크하며 작업한다.

### (1) 액체 염료
액체 형태로 방울로 조절하기 때문에 사용이 간편하다. 지용성 색소로 왁스에 잘 녹으며 소량으로도 색상표현이 가능하다. 사용 전 충분히 흔들어서 사용해야 하며 너무 많이 사용하면 몰드에 이염이 될 수 있다. 햇빛에 노출되면 변색되기 쉬운 단점이 있다.

### (2) 고체 염료
다양한 컬러가 있으며 연한 파스텔 색상부터 진한 색상까지 다양하게 표현이 가능하다. 액체색소에 비해 색감이 조금 더 고급스럽고 깊이 있게 표현이 가능하다. 덩어리로 되어 있기 때문에 칼로 조금씩 깎아서 사용하면 된다. 칩 타입으로 사용하기 간편하게 나오는 제품도 있다.

## 4) 향료

### (1) 에센셜 오일(Essential Oil)
꽃잎, 나무 뿌리 등 자연에서 추출한 고농축 천연 향료로 아로마 테라피 기능이 있는 오일이다. 오일마다 각각 특성과 효능이 다르기 때문에 자신에게 맞는 것을 선택해서 사용해야 된다. 에센셜 오일은 아로마 캔들뿐만 아니라 향수, 천연비누, 천연화장품 등의 원료로 사용된다. 개별적으로 쓰일 수도 있고 2~3종류를 혼합해서 사용할 수도 있다. 에센셜 오일은 열에 약해 융점이 높은 왁스에서는 휘발이 되기 때문에 융점이 낮은 컨테이너용 소이왁스에 사용하는 것이 좋다. 프로그랜스 오일에 비해 발향력이 약하며 향 로드율은 7~9%정도가 적당하다. 에센셜 오일을 너무 많이 넣게 되면 그을음이 생기거나 캔들 표면에 불이 붙는 경우가 생길 수 있다.

### (2) 프로그랜스 오일(Fragrance Oil)
인공적으로 만든 향료로 아로마 테라피 기능은 없지만 에센셜 오일에 비해 발향력이 좋으며 팜 왁스나 필라 왁스 등 높은 온도에서 작업이 필요한 왁스에도 사용이 가능하다. 고가의 에센셜 오일의 향이나 천연에서 얻을 수 없는 다양한 향을 즐길 수 있다. 향 로드율은 보통 5~10%정도가 적당하다.

## 5) 이형제
필라 캔들을 제작 시 몰드에서 캔들을 꺼낼 때 잘 꺼내지지 않는 경우가 있다. 왁스를 붓기 전 몰드에 이형제 스프레이를 뿌리면 얇은 실리콘 오일이 분사되어 왁스가 완전히 굳으면 쉽게 분리된다. 한 번 뿌리면 여러 번 사용 가능하고 실리콘 몰드는 이형성이 좋은 편이라 이형제를 사용하지 않아도 된다.

## 1) 핫플레이트

왁스를 녹이는데 가장 안전한 전열기구

## 2) 전자저울

왁스나 향료 등 재료를 계량할 때 사용하는 도구
2Kg정도의 전자저울이 사용하기 편하다.

## 3) 온도계

왁스의 온도를 측정하기 위한 도구
최소 섭씨 150도까지 잴 수 있는 전자 온도계를 사용하는 것이 좋다.

## 4) 비커

왁스를 녹이거나 재료를 계량할 때 사용하는 도구
스테인리스 비커를 사용하는 것이 가장 좋으며 유리 비커는 내열유리 비커를 사용한다.

### 5) 몰드
다양한 필라 캔들을 만들 때 사용한다.
금속몰드, 플라스틱 몰드, 실리콘 몰드 등 다양한 몰드가 있다.

### 6) 심지 고정대
심지가 움직이지 않도록 고정해주는 도구
나무젓가락으로 대체해서 사용할 수 있다.

### 7) 시약 스푼
재료를 첨가하거나 잘 섞어주기 위한 도구

### 8) 심지 가위
심지를 쉽고 깔끔하게 자를 수 있는 가위


## 4. 작업 시 유용한 도구

### 1) 윅 디퍼
연소 중인 캔들의 심지를 녹은 왁스에 살짝 담가 그을음 없이 끄는 도구

### 2) 캔들 스너퍼
우드 심지를 그을음 없이 안전하게 끄는 도구

### 3) 캔들용 라이터
일반 라이터보다 길이가 길어 캔들에 사용하기 편한 라이터

## 5. 캔들에 나타나는 트러블

### 1) 수축
캔들 가운데가 움푹 파이는 수축현상
온도가 높을수록 몰드가 깊고 좁을수록 수축현상이 일어난다.

### 2) 터널링
캔들 표면 전체가 골고루 녹지 않고 심지 주변 안쪽으로만 타는 현상
심지 사이즈가 작거나 잠깐 켜고 껐을 경우에 나타나는 현상으로 캔들 연소 시 캔들 표면이 다 녹을 때까지 켜두어야 한다.

### 3) 프로스팅
캔들 표면에 하얀 서리가 앉은 것처럼 하얗게 되거나 표면이 갈라지는 현상
온도와 습도에 민감하기 때문에 나타나는 자연스러운 현상이다.

### 4) 머시룸
심지가 길거나 장시간 연소할 경우 끝부분이 버섯모양으로 뭉치는 현상
캔들의 심지는 항상 5mm로 유지해서 사용하는 것이 좋다.

### 5) 웻스팟
왁스가 수축되어 컨테이너에서 들뜨는 현상
작업 전 컨테이너를 살짝 데워 작업하면 방지할 수 있지만 천연 왁스의 특징으로 또 다시 웻스팟이 생길 수가 있다.

## 6. 캔들 작업 전 유의사항

1. 왁스는 항상 화재의 위험성이 있는 곳을 피해 보관해 주세요.
2. 화재를 대비해 소화기나 베이킹 소다를 준비해 주세요.
3. 화상을 대비해 화상관련 응급약을 비치해 주세요.
4. 올바른 캔들 작업과 안전을 위해 온도계를 사용해 주세요.
5. 작업 도중 중간에 환기를 시켜주세요.
6. 작업 시 안전을 위해 아이들과 동물들이 근처에 오지 않게 해주세요.
7. 왁스를 녹이는 작업을 할 때는 자리를 지켜주세요.
8. 녹아있는 왁스를 하수구나 변기에 버리지 마세요.
9. 왁스가 눈에 들어갔을 경우 즉시 의사의 처방을 받으세요.
10. 외출할 경우 연소 중인 캔들은 꼭 꺼주세요.

# 7. 캔들 기본

## 1) 컨테이너에 심지 고정

1. 컨테이너, 심지, 심지탭 스티커, 심지 고정대나 나무젓가락을 준비한다.

2. 심지스티커 윗면을 떼고 심지를 고정한 심지탭을 붙인다.

3. 컨테이너 중앙에 단단히 붙인다.

4. 심지가 움직이지 않도록 심지를 심지고정대나 나무젓가락으로 고정시킨다.

## 2) 몰드에 심지 고정

1. 몰드, 면심지, 고형접착제, 나무젓가락을 준비한다.

2. 몰드 바닥부분에 있는 심지 구멍으로 심지를 통과시켜 나무젓가락으로 한번 묶어준다.

3. 몰드 아랫부분에 왁스가 새지 않도록 심지를 당겨서 고형접착제로 고정시킨다.

4. 몰드 아랫부분에 나온 심지를 적당히 남기고 잘라준다.

# 8. 캔들 만들기

## 첫째, 컨테이너 캔들

### 1) 컨테이너 소이캔들

소이캔들 하면 제일 먼저 연상되는 캔들이 바로 컨테이너 캔들이다. 군더더기 없는 깨끗한 느낌으로 뽀얀 소이왁스가 기분을 정화시켜주는 느낌이다.

**재료**  소이왁스(네이처 C-3) 170g, 프로그랜스 오일(베이비파우더) 12g(왁스 양의 약 7%), 코팅심지 46번, 심지스티커 1개, 투명 컨테이너 7oz

1. 심지를 심지탭에 끼운 후 심지스티커를 이용해 컨테이너 중앙에 고정시킨다.

2. 심지가 움직이지 않도록 심지고정대나 나무젓가락으로 고정시킨다.

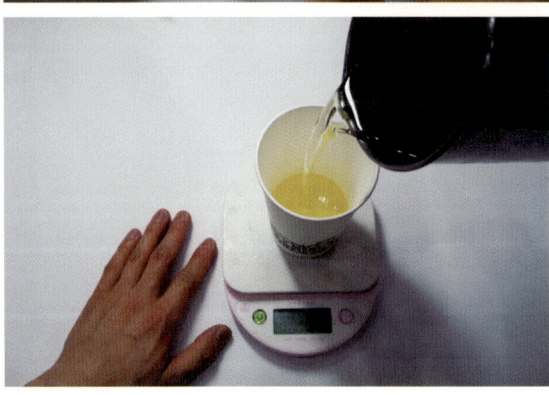

3. 왁스를 계량하여 녹인 후 약 65℃가 되면 종이컵에 옮긴다.

## ♣ Check!

컨테이너 캔들을 가장 만들기 쉽다고 생각하지만 표면이 깨끗한 예쁜 캔들을 만들기는 쉽지 않다. 향료를 충분히 섞지 않을 경우 오일이 뜨거나 표면이 예쁘게 나오지 않는 경우가 있기 때문에 항상 충분히 잘 저어주어서 작업한다. 또한 향을 블랜딩할 때 많은 양의 향료를 넣게 되면 그을음이 발생할 수 있다. 향료는 왁스 양의 5~10% 정도가 적당하다. 온도와 향의 비율을 지켜 작업한다면 완벽한 컨테이너 캔들을 완성할 수 있다.

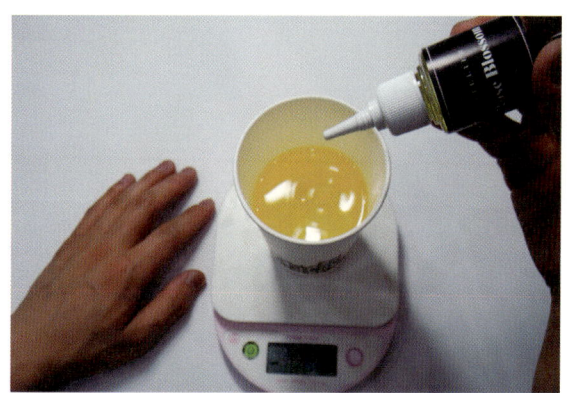

4. 녹은 왁스에 프로그랜스 오일을 넣고 잘 저어준다.

5. 왁스의 온도가 약 55~60℃가 되면 컨테이너에 붓는다.

6. 왁스가 완전히 굳으면 컨테이너에 스티커로 장식하고 심지를 5mm 높이로 잘라 완성한다.

### 2) 티라이트 캔들

작고 아담한 사이즈의 티라이트 캔들은 이름처럼
주로 티 워머에 차를 데워주는 용도로 사용되는 캔들이다.
작은 알루미늄이나 플라스틱 용기에 만드는 캔들로
예쁜 캔들 홀더 안에 넣어 사용하면
인테리어 효과를 낼 수 있다.

## 재료(4개 분량)

소이왁스(네이처 C-3) 60g, 프로그랜스 오일(라임바질 & 만다린) 4g(왁스 양의 약 7%), 티라이트용 심지 4개, 심지스티커 4개, 티라이트 용기 4개, 고체색소(라임그린)

1. 티라이트용 심지를 심지스티커를 이용해 컨테이너 중앙에 고정시킨다.

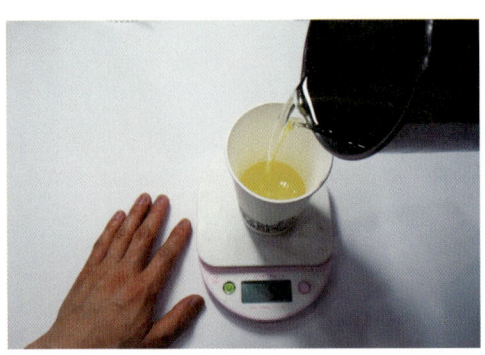

2. 왁스를 계량하여 녹인 후 약 65℃가 되면 종이컵에 옮긴다.

3. 녹은 왁스에 색소를 넣고 잘 저어 원하는 색상을 만든다.

## ♣ Check!

색소를 넣고 작업할 때엔 녹인 왁스에 작업할 때보다 왁스가 굳으면 색상이 연해지기 때문에 흰 종이에 한 방울 떨어뜨려 굳었을 때의 색상을 확인 후 작업을 하면 원하는 색상으로 만들기 쉽다. 또한 고체 색소를 이용해서 캔들을 만들 경우엔 프로그랜스 오일을 넣기 전 먼저 색소를 넣는 것이 좋다. 오일을 넣으면 온도가 떨어지기 때문에 높은 온도에서 작업을 해서 고체 색소가 조금이라도 잘 녹게 하기 위함이다.
원형이 아닌 사각, 하트 등 다양한 형태의 티라이트 용기가 판매되고 있기 때문에 용기에 따라 다양한 느낌의 티라이트를 만들어 본다면 또 다른 재미를 느낄 수 있다.

4. 녹은 왁스에 프로그랜스 오일을 넣고 잘 저어준다.

5. 왁스의 온도가 약 55~60℃가 되면 컨테이너에 붓는다.

6. 왁스가 완전히 굳으면 심지를 5mm 높이로 잘라준다.

### 3) 우드윅 캔들

베이직 캔들에 면심지 대신 우드심지로 만든 캔들이다. 타닥타닥 나무 타는 소리가 운치 있는 분위기를 느끼게 해준다. 면심지보다 관리가 까다롭지만 우드심지가 주는 또 다른 매력을 느껴보자.

> **재료**
> 소이왁스(네이처 C-3) 120g, 프로그랜스 오일(트와일라잇 우드) 8g(왁스 양의 약 7%), 우드심지 M, 심지탭, 심지스티커 1개, 블랙 컨테이너 5oz

1. 우드 심지에 심지탭을 끼운 후 심지스티커를 이용해 컨테이너 중앙에 고정시킨다.

2. 우드 심지를 컨테이너보다 살짝 짧게 잘라준다.

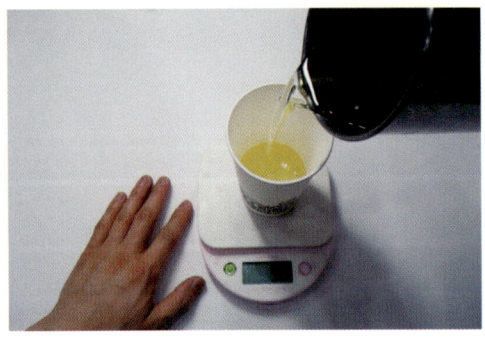

3. 왁스를 계량하여 녹인 후 약 65℃가 되면 종이컵에 옮긴다.

## ♣ Check !

- 우드 심지는 완성 후 심지를 자르게 되면 표면이 망가지는 현상이 생길 수 있기 때문에 미리 알맞은 높이로 자른 후 작업하는 것이 좋다.
완성 후 심지를 잘라야 할 경우에는 왁스가 안쪽까지 완전히 굳은 후에 자르면 캔들 표면에 크랙이 발생하는 것을 방지할 수 있다.
- 우드윅 캔들을 사용할 경우 표면이 갈색으로 변하는 갈변 현상이 생기는데 이는 자연스러운 현상이다.

4. 녹은 왁스에 프로그랜스 오일을 넣고 잘 저어준다.

5. 왁스의 온도가 55~60℃가 되면 컨테이너에 붓는다.

6. 왁스가 완전히 굳으면 컨테이너에 스티커를 붙여 완성한다.

### 4) 여행용 캔들

캠핑이나 여행을 갈 때 가볍게 들고 갈 수 있는 캔들이다. 벌레가 싫어하는 에센셜 오일을 블랜딩하여 만든다면 벌레 걱정 없이 여행을 즐길 수 있다. 또한 마음을 정화시키는 역할까지 하기 때문에 1석2조의 효과를 느낄 수 있다.

> **재료**
> 소이왁스(네이처 C-3) 80g, 에센셜 오일(시트로넬라) 4g(왁스 양의 약 7%), 코팅심지 46번, 심지스티커 1개, 알루미늄 틴 케이스

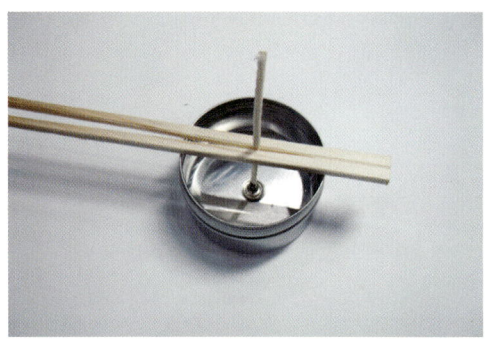

1. 심지에 심지탭을 끼운 후 심지스티커를 이용해 컨테이너 중앙에 고정시킨다.

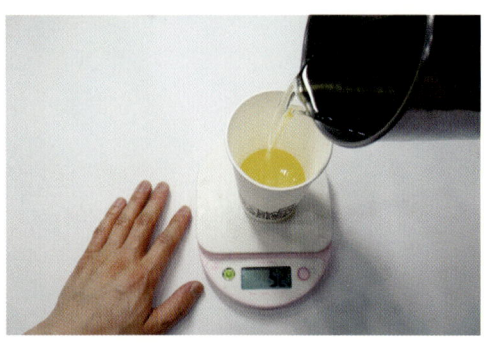

2. 왁스를 계량하여 녹인 후 약 60℃가 되면 종이컵에 옮긴다.

3. 녹은 왁스에 프로그랜스 오일을 넣고 잘 저어준다.

## ♣ Check!

- 녹인 왁스는 온도가 높을 때 에센셜 오일을 넣게 되면 열에 약한 에센셜 오일이 휘발되어 향이 약해지거나 효능이 감소될 수 있다.
- 에센셜 오일을 사용한 캔들을 만들 경우 우드 심지보다 면 심지를 사용하는 것이 좋다. 우드 심지를 사용할 경우 면 심지보다 온도가 높기 때문에 열에 약한 에센셜 오일의 향이 빨리 휘발될 수도 있다. 또한 우드심지의 타는 냄새로 인해 에센셜 오일의 발향에 영향을 줄 수 있다.
- 틴케이스에 만든 캔들을 사용할 경우 용기가 뜨거워 화상을 입을 수 있기 때문에 주의하며 사용 후 왁스가 굳으면 이동해야 한다.

4. 왁스의 온도가 55℃가 되면 컨테이너에 붓는다.

5. 왁스가 완전히 굳으면 심지를 5mm높이로 잘라 완성한다.

### 5) 플라워 캔들

크리스탈 투명 유리용기에 예쁜 꽃 장식을 한 플라워 캔들이다. 예쁜 드라이플라워를 이용해 조금 더 특별한 나만의 멋진 캔들을 만들 수 있다.

**재료** 소이왁스(네이처 C-3) 180g, 프로그랜스 오일(스프링 플라워) 12g(왁스 양의 약 7%), 우드심지 2XL 1개(우드심지 L 2개), 심지스티커 1(2)개, 메리고라운드 용기 1개, 드라이플라워, 프리저브드 플라워

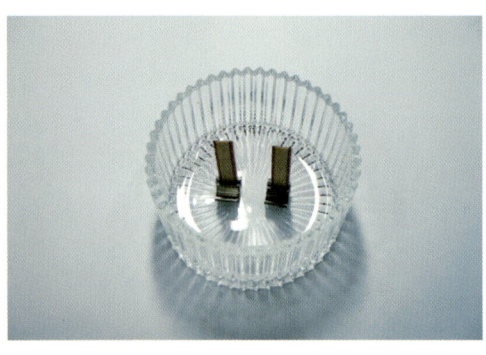

1. 우드 심지에 심지탭을 끼운 후 심지 스티커를 이용해 컨테이너 중앙에 고정한다.

2. 심지를 컨테이너 보다 살짝 짧게 잘라준다.

3. 왁스를 계량하여 녹인 후 약 65℃가 되면 종이컵에 옮긴다.

♣ **Check!**

- 플라워 장식을 할 때 캔들 표면이 너무 덜 굳은 상태에서 장식을 하게 되면 가라앉게 되며 표면이 너무 굳은 상태에서 장식을 하면 고정이 되지 않고 움직이게 된다.
- 플라워 장식을 할 때 심지에 가까이 장식을 하게 되면 캔들이 연소하면서 장식에 불이 붙어 화재의 위험이 있을 수 있으므로 최대한 심지에서 멀리 장식한다. 또한 캔들을 사용할 때 플라워 장식을 걷어내고 사용하는 것이 안전하다.
- 용기에 맞는 큰 사이즈의 심지를 사용해도 되지만 작은 사이즈의 심지를 2~3개 이용해서 작업하기도 한다.

4. 녹은 왁스에 프로그랜스 오일을 넣고 잘 저어준다.

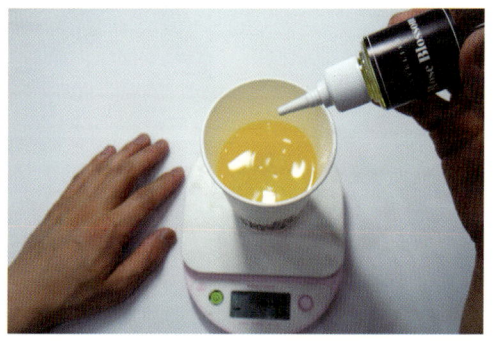

5. 왁스의 온도가 55~60℃가 되면 컨테이너에 붓는다.

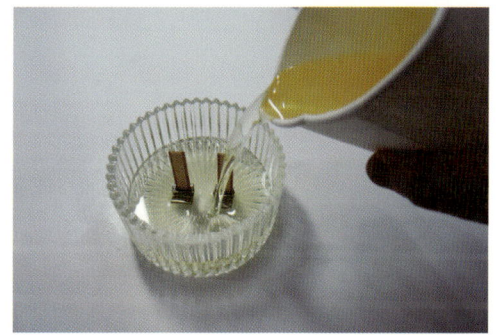

6. 왁스가 어느 정도 굳어 뿌옇게 되면 준비한 프리저브드 플라워와 드라이플라워로 장식한다.

## 둘째, 필라 캔들

### 1) 필라 캔들

컨테이너 없이 스스로 서있는 캔들을 필라 캔들이라고 한다. 흔히 우리가 양초라고 부르는 것이 바로 필라 캔들이다.

> **재료**  필라 소이왁스(에코소야 PB) 300g, 프로그랜스 오일(바닐라) 21g(왁스 양의 약 7%), 면심지 36번, PC몰드 원형(大), 이형제, 고형접착제, 나무젓가락

1. 이형제를 뿌린 PC몰드에 심지를 끼워 나무젓가락으로 고정한다.

2. 몰드 아랫부분에 왁스가 새지 않도록 고형접착제를 붙여준다.

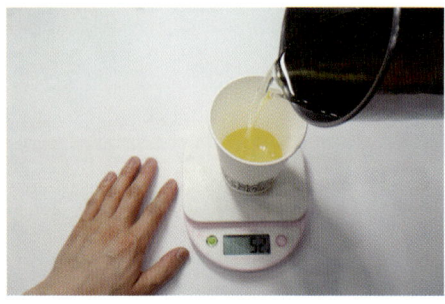

3. 왁스를 계량하여 녹인 후 약 80℃가 되면 종이컵에 옮긴다.

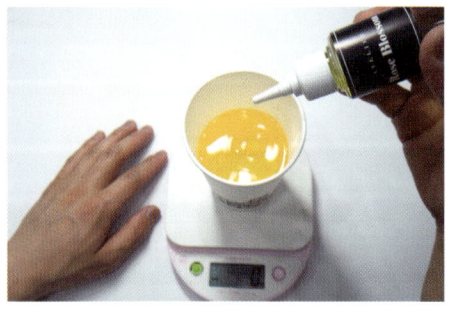

4. 녹은 왁스에 프로그랜스 오일을 넣고 잘 저어준다.

## ♣ Check!

– 몰드를 이용한 필라 캔들을 만들 경우 몰드에서 윗부분이 캔들의 아랫부분이 되고 몰드에서 아랫부분이 캔들이 되기 때문에 심지를 고정할 때 몰드 아랫부분에 심지를 여유 있게 남겨서 잘라주어야 하며 완성된 캔들 심지를 정리할 때에도 꼭 확인을 하고 잘라야 한다.
– 알루미늄이나 PC(폴리카보네이트) 몰드를 사용할 때는 왁스가 새지 않도록 고형접착제로 막아준다. 실리콘 몰드는 탄력이 좋아 고형접착제를 사용하지 않아도 왁스가 새지 않는다.
– 알루미늄이나 PC(폴리카보네이트) 몰드를 이용해 필라 캔들을 만들 경우 몰드에 이형제를 뿌리면 쉽게 탈형할 수 있다. 실리콘 몰드를 사용할 경우는 이형제를 뿌리지 않아도 쉽게 탈형이 가능하다.

5. 왁스의 온도가 70~75℃가 되면 몰드에 붓는다.

6. 왁스가 완전히 굳으면 고형접착제를 떼고 몰드에서 꺼낸다.

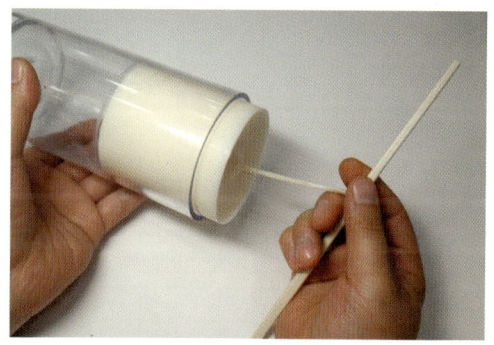

7. 캔들 윗부분의 심지는 5mm정도 높이로 잘라주고 바닥부분의 심지는 바짝 잘라 정리한다.

## 2) 크리스탈 캔들

반짝반짝 볼수록 신기한 매력에 빠지게 되는 팜 캔들. 야자열매에서 추출한 팜 왁스는 소이왁스와는 다른 느낌으로 예쁜 결정을 볼 수 있어 색다른 느낌을 준다.

**재료**  필라 소이왁스(에코소야 PB) 300g, 프로그랜스 오일(바닐라) 21g(왁스 양의 약 7%), 면심지 36번, PC몰드 원형(大), 이형제, 고형접착제, 나무젓가락

1. 이형제를 뿌린 PC몰드에 심지를 끼워 나무젓가락으로 고정한 후 몰드 아랫부분에 왁스가 새지 않도록 고형접착제를 붙여준다.

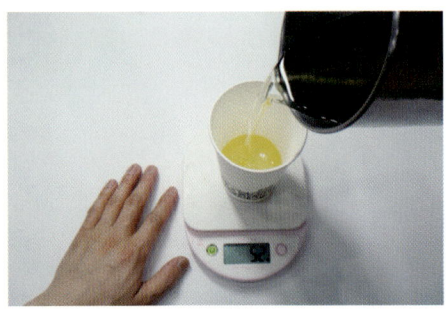

2. 왁스를 계량하여 녹인 후 온도가 약 95℃가 되면 종이컵에 옮긴다.

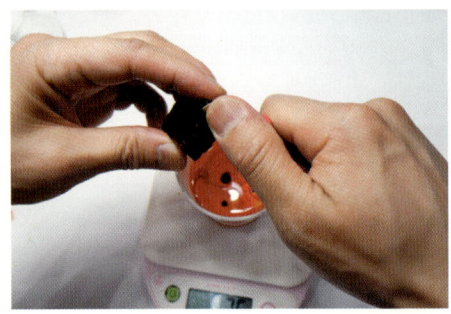

3. 녹은 왁스에 색소를 넣고 잘 저어 원하는 색상을 만든다.

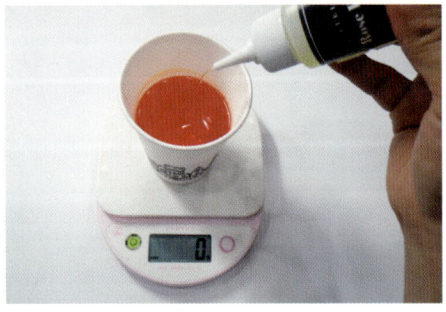

4. 녹은 왁스에 프로그랜스 오일을 넣고 잘 저어준다.

♣ *Check !*

- 팜 왁스를 사용하여 캔들을 만들 때 결정이 잘 보이게 하기 위해선 붓는 온도가 90℃이상 이어야 선명한 결정을 볼 수 있다. 붓는 온도를 최소 88℃ 이상으로 작업을 하길 추천한다.
- 팜 왁스는 눈꽃결정, 얼음결정, 무결정 등이 있으며 결정 모양에 따라 느낌이 다르게 연출된다. 온도가 낮은 상태로 몰드에 부을 경우 선명한 결정을 보기 어려울 수 있다.
- 팜 왁스는 온도가 높기 때문에 프로그랜스 오일로 작업하는 것이 좋다. 에센셜 오일을 사용하면 열에 약한 에센셜 오일이 휘발되어 에센셜 오일의 향과 기능을 기대하기 어렵다.

5. 왁스의 온도가 약 90℃가 되면 몰드에 붓는다.

6. 왁스가 완전히 굳으면 고형접착제를 떼고 몰드에서 꺼낸다.

7. 캔들 윗부분의 심지는 5mm 정도의 높이로 잘라주고 바닥부분의 심지는 바짝 잘라 정리한다.

### 3) 크레용 캔들

크레용 모양의 귀여운 캔들이다. 어릴 적 미술시간에 크레파스로 그림을 그리던 추억을 떠올리게 된다. 빨간색, 파란색 등 고체 색소를 이용하여 다양한 색상으로 만들어 보는 재미가 있다.

> **재료**  필라 소이왁스(에코소야 PB) 75g, 프로그랜스 오일(버가못) 6g(왁스 양의 약 7%), 면 심지 16번, PC몰드(등대), 고체 색소(레드), 이형제, 고형접착제, 나무젓가락

1. 몰드에 심지를 끼워 나무젓가락으로 고정한 후 몰드 아랫부분에 왁스가 새지 않도록 고형접착제를 붙여준다.

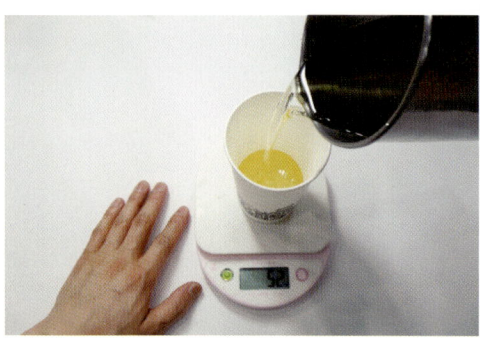

2. 왁스를 계량하여 녹인 후 약 80도가 되면 종이컵에 옮긴다.

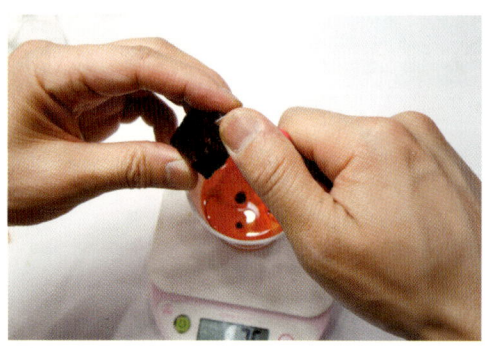

3. 녹은 왁스에 색소를 넣고 잘 저어 원하는 색상을 만든다.

4. 녹은 왁스에 프로그랜스 오일을 넣고 잘 저어준다.

♣ **Check !**

필라 캔들을 만들 경우 몰드가 좁고 깊을수록 수축이 잘되기 때문에 캔들 내부에 빈 공간이 생기는 경우가 있다. 이런 빈 공간이 생기면 캔들을 사용할 때 불완전하게 연소될 수 있으므로 2차 붓기 작업을 하는 것이 좋다.

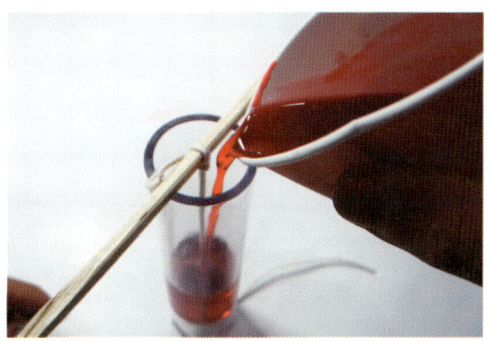

5. 왁스의 온도가 약 70℃가 되면 몰드에 붓는다.

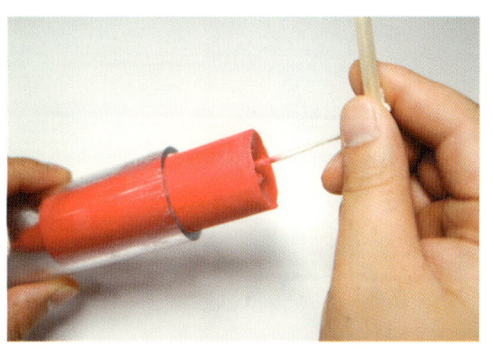

6. 왁스가 완전히 굳으면 고형접착제를 떼고 몰드에서 꺼낸다.

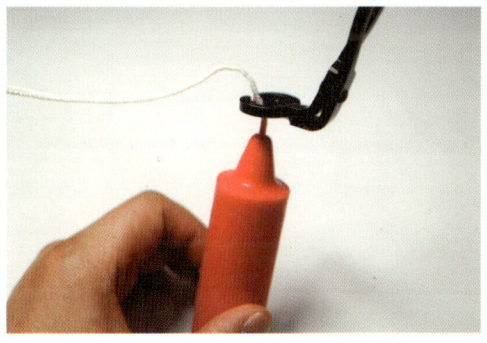

7. 캔들 윗부분의 심지는 5mm정도로 남기고 잘라주고 아랫부분은 바짝 잘라 정리한다.

## 셋째, 디자인 캔들

### 1) 초콜릿 캔들

달콤 쌉싸름한 초콜릿 모양의 캔들이다.
달콤한 초콜릿이 생각날 때 초콜릿 캔들로
달콤함을 대신하는 것은 어떨까?

**재료** 필라 소이왁스 (에코소야 PB) 65g, 프로그랜스 오일(초콜릿) 5g(왁스 양의 약 8%), 코팅 면심지 26번, 실리콘몰드(키세스), 고체 색소(브라운), 나무꼬치

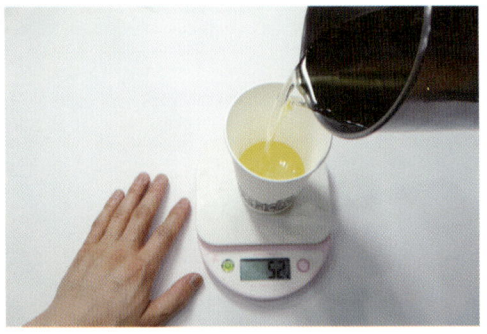

1. 왁스를 계량하여 녹인 후 왁스가 약 80℃가 되면 종이컵에 옮긴다.

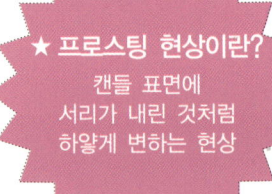

★ 프로스팅 현상이란?
캔들 표면에 서리가 내린 것처럼 하얗게 변하는 현상

2. 녹은 왁스에 색소를 넣고 잘 저어 원하는 색상을 만든다.

3. 녹은 왁스에 프로그랜스 오일을 넣고 잘 저어준다.

4. 왁스의 온도가 약 70℃가 되면 초콜릿 몰드에 붓는다.

## ♣ Check !

- 고체 색소로 초콜릿 색상을 만들 때 레드 색상을 조금 넣어주면 더욱 깊이감 있는 색상이 된다. 색소의 양을 조절하여 밀크 초콜릿, 다크 초콜릿, 화이트 초콜릿 등 다양한 느낌의 캔들을 만들 수 있다.
- 필라 캔들 사용 시 촛농이 흐르기 때문에 항상 받침을 사용해서 사용한다. 색소를 사용한 캔들의 경우 프로스팅 현상이 더욱 심해보일 수 있다. 온도를 최대한 정확하게 맞춰서 작업하면 프로스팅 현상을 줄일 수 있다.

5. 왁스가 어느 정도 굳으면 나무꼬치로 심지 구멍을 만든다.

6. 왁스가 완전히 굳으면 나무꼬치를 뺀 후 몰드에서 꺼낸다.

7. 캔들 아랫부분으로 심지를 통과시켜 심지를 고정한다.

8. 심지를 5mm정도 높이로 잘라 완성한다.

### 2) 시나몬 캔들

사계절 내내 사랑받는 시나몬 캔들이다.
특히 여름에는 방충효과를 가을, 겨울에는
분위기 있는 인테리어 소품으로 활용할 수 있다.

> **재료**  필라 소이왁스(에코소야 PB) 160g, 프로그랜스 오일(시나몬) 13g(왁스 양의 약 8%)
> 면 심지 36번, PC몰드(원형 大), 시나몬 바크, 이형제, 나무젓가락, 고형접착제

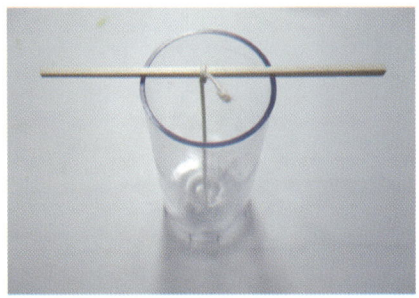

1. 이형제를 뿌린 PC몰드에 심지를 끼워 나무젓가락으로 고정한다.

2. 몰드 아랫부분에 왁스가 새지 않도록 고형접착제를 붙여준다.

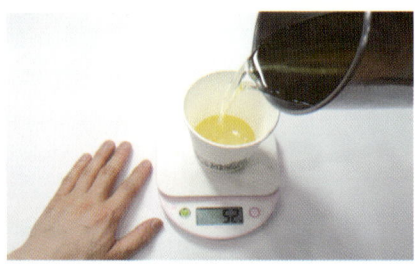

3. 왁스를 계량하여 녹인 후 온도가 약 80℃가 되면 종이컵에 옮긴다.

4. 녹은 왁스에 프로그랜스 오일을 넣고 잘 저어준다.

5. 왁스의 온도가 약 70℃가 되면 몰드에 1cm~1.5cm 정도 붓는다.

## ♣ Check !

- 시나몬 바크를 꽂을 때 심지에서 최대한 멀리 꽂아야 한다. 너무 가깝게 장식하면 불이 붙을 위험이 있다. 또한 향을 첨가하지 않아도 은은한 시나몬의 향을 느낄 수 있기 때문에 프로그랜스 오일을 첨가하지 않고 만들어도 된다. 시나몬 자체로 벌레들이 싫어하는 향이 나기 때문에 벌레 퇴치용으로도 많이 사용된다.
- 완성된 캔들에 영자 신문이나 마끈을 감아주면 한층 멋스러운 인테리어 소품용 캔들이 된다.

6. 왁스가 어느 정도 굳으면 시나몬 바크를 예쁘게 꽂아준다.

7. 남은 왁스를 약 70℃ 온도로 맞춘 후 몰드에 붓는다.

8. 왁스가 완전히 굳으면 고형접착제를 떼고 몰드에서 꺼낸다.

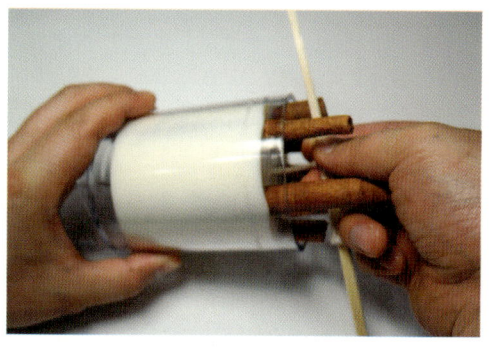

9. 캔들 윗부분의 심지는 5mm 정도로 남기고 잘라주고 아랫부분은 바짝 잘라 정리한다.

### 3) 메시지 캔들

불을 붙이기 전에는 베이직 컨테이너 캔들처럼 보이지만 불을 붙이면 숨겨두었던 메시지가 나타난다. 직접 말로 표현하기 어렵다면 살포시 메시지 캔들을 건네 보는 건 어떨까?

| 재료 | 소이왁스(네이처 C-3) 100g, 프로그랜스 오일(러브스펠) 7g(왁스 양의 약 7%), 코팅면심지 36번, 심지스티커 1개, 유산지, 틴 케이스(120g), 수성펜 |

1. 심지를 심지탭에 끼운 후 심지스티커를 이용해 컨테이너 중앙에 고정시킨다.

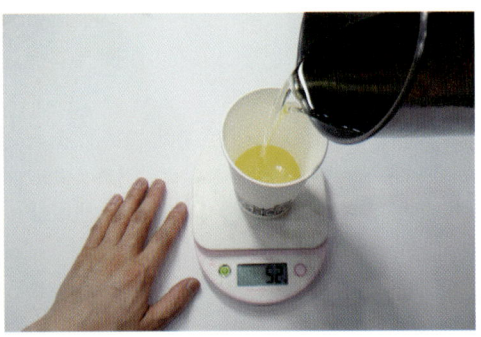

2. 왁스를 계량하여 녹인 후 약 65℃가 되면 종이컵에 옮긴다.

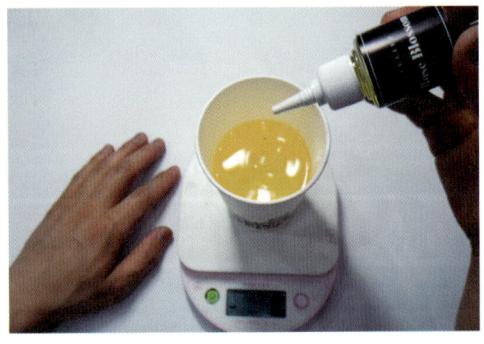

3. 녹은 왁스에 프로그랜스 오일을 넣고 잘 저어준다.

♣ **Check !**

- 메시지 캔들은 주로 이벤트용으로 사용한다. 캔들을 만들 때는 켰을 때 1시간 이내로 메시지가 보일 수 있도록 작업한다. 보통 끝까지 태우기보다 메시지가 보이면 끄기 때문에 용기는 깊지 않고 얕은 용기로 작업하는 것이 좋다.
- 메시지를 적을 때는 꼭 수성펜을 사용한다. 왁스가 기름성분이기 때문에 유성펜으로 글씨를 쓰면 글씨가 번지게 된다.

4. 왁스의 온도가 되면 컨테이너에 반 정도만 붓는다.

5. 왁스가 굳으면 메시지를 적은 유산지를 올리고 남은 왁스를 50~55℃ 온도로 맞춘 후 부어준다.

6. 왁스가 완전히 굳으면 심지를 5mm높이로 잘라 완성한다.

### 4) 카네이션 캔들

캔들 위에 활짝 핀 빨간 카네이션을 올렸다. 어버이날, 스승의 날 등 고마운 분들께 감사한 마음을 담아 직접 만든 카네이션을 선물하자.

> **재료** 소이왁스 (네이처 C-3) 56g, 필라 소이왁스 (에코소야 PB) 22g, 비즈왁스(정제) 22g, 프레그랜스 오일(잉글리쉬 페어&프리지아 7g(왁스 양의 약 7%), 코팅 면 심지 46번, 심지스티커 1개, 고체 색소(레드), 세라믹 수플레 용기, 실리콘 몰드(카네이션), 나무꼬치

1. 심지를 심지탭에 끼운 후 심지스티커를 이용해 컨테이너 중앙에 고정시킨다.

2. 왁스(네이처 C-3)를 계량하여 녹인 후 약 65℃가 되면 종이컵에 옮긴다.

3. 녹은 왁스에 프레그랜스 오일을 넣고 잘 저어준다.

4. 왁스의 온도가 약 55~60℃가 되면 컨테이너에 반 정도만 붓는다.

♣Check !

− 카네이션 몰드처럼 디테일한 모양의 필라 캔들을 만들 때 필라 소이왁스만 사용할 경우 부서짐이 발생할 수 있기 때문에 필라 왁스와 비즈왁스를 1:1비율로 섞어서 작업을 하면 깨지지 않고 예쁜 필라 캔들을 만들 수 있다.

1. 필라 소이왁스와 비즈 왁스를 계량하여 함께 녹인 후 약 75~80℃가 되면 종이컵에 옮긴다.

2. 녹은 왁스에 색소를 넣고 잘 저어 원하는 색상을 만든다.

3. 녹은 왁스에 프로그랜스 오일을 넣고 잘 저어준다.

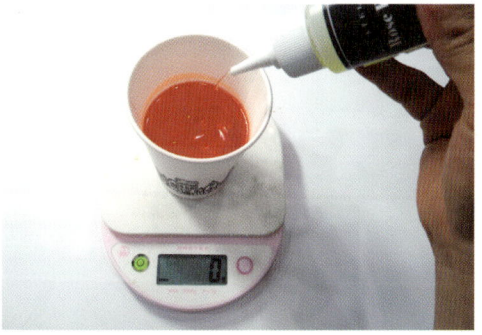

4. 왁스의 온도가 약 70℃가 되면 카네이션 몰드에 붓는다.

5. 카네이션 몰드 왁스가 어느 정도 굳으면 심지 구멍을 만들어 준 후 완전히 굳으면 몰드에서 꺼낸다.

6. 컨테이너 캔들이 완전히 굳으면 그 위에 카네이션을 심지에 끼워 올린다.

7. 심지를 5mm 높이로 잘라 완성한다.

## 넷째. 기타 방향제

### 1) 왁스 타블렛

왁스 타블렛, 소이 오너먼트, 플라워 퍼퓨머 등 다양한 이름을 갖고 있는 소이 왁스로 만든 방향제이다. 드라이플라워뿐만 아니라 다양한 첨가물을 이용하여 만들 수도 있다. 강하진 않지만 은은하게 퍼지는 향이 마음을 안정시켜 준다.

> **재료**  필라 소이왁스 (에코소야 PB) 40g, 프로그랜스 오일(블루라군) 4g(왁스 양의 약 10%), 조개, 불가사리 등 장식물, 아일렛, 트와인실, 샤무드 끈, 실리콘 몰드(왁스 타블렛)

1. 왁스 타블렛 몰드에 장식할 디자인을 미리 구상해 본다.

2. 왁스를 계량하여 녹인 후 온도가 약 80℃가 되면 종이컵에 옮긴다.

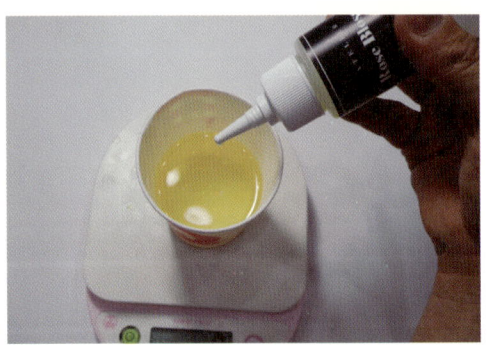

3. 녹은 왁스에 프로그랜스 오일을 넣고 잘 저어준다.

## ♣ Check !

- 온도가 낮으면 왁스가 너무 빨리 굳어 장식을 하기 어려워지므로 75℃정도에서 붓는 것이 좋다. 표면이 너무 굳어 장식을 하기 어려울 때는 히트건을 이용해 표면을 살짝 녹인 후 작업을 한다.
- 왁스 위에 장식물을 올릴 경우 가벼운 것들부터 올려주며 장식하는 동안에도 왁스는 계속 굳기 때문에 신속하게 작업을 해야 한다.
- 몰드에서 탈형할 때 너무 힘을 주어 꺼내거나 완전히 굳지 않은 상태에서 몰드에서 꺼내면 깨지기 쉽다. 꼭 왁스가 굳을 때까지 한 시간 정도 기다렸다가 천천히 꺼낸다.

4. 왁스의 온도가 약 75℃가 되면 몰드에 부어준다.

5. 왁스가 어느 정도 굳어 뿌옇게 변하기 시작하면 장식할 첨가물을 올린다.

6. 왁스가 완전히 굳으면 몰드에서 꺼내 구멍에 아일렛을 끼운 후 끈을 달아 완성한다.

## 2) 석고방향제

누구나 쉽고 간단하게 만들 수 있는 석고방향제는 다양한 종류의 몰드로 원하는 디자인의 석고방향제를 만들 수 있다. 소품으로 장식하거나 석고방향제 뒷면에 차량용 클립을 달아 차량용 방향제로도 활용가능하다. 습기가 많은 화장실이나 신발장 등 작은 공간에 두면 더욱 효과가 좋다.

**재료** 석고가루 100g, 정제수 18g, 올리브 리퀴드 5g,
프로그랜스 오일(레몬라임) 10g, 실리콘 몰드(에펠탑)

1. 종이컵에 정제수를 계량한다.

2. 정제수가 담긴 종이컵에 프로그랜스 오일을 계량하여 넣는다.

3. 종이컵에 올리브 리퀴드를 계량하여 넣고 잘 저어준다.

4. 혼합액이 든 종이컵에 석고 가루를 계량하여 넣는다.

♣ **Check !**

- 석고 제조회사에 따라 석고가루와 정제수(혼합액)의 비율이 다르기 때문에 작업 전 비율을 꼭 확인한 후 작업을 해야 한다. 여기서 혼합액은 정제수, 향료, 올리브 리퀴드를 포함한 것을 말한다. 향료는 석고가루의 10% 비율로 넣어주고, 올리브 리퀴드는 향료의 1/2의 양만큼 넣는다. 혼합액 총 양에서 향료와 올리브 리퀴드의 양을 뺀 것이 정제수의 양이 된다. 여기서 사용된 석고와 정제수(혼합액) 비율은 100 : 33이다.
- 몰드가 정교할수록 기포가 생길 확률이 높기 때문에 반 정도 붓고 바닥에 탁탁 쳐서 기포를 없애주는 작업을 한 후에 나머지를 부어 작업하는 것이 좋다.
- 석고가 굳으면서 표면에 열이 발생하는데 이 열이 식고 나면 몰드에서 꺼내면 된다. 보통 굳는데 2~3시간 정도 소요된다. 완성 된 후 3일 정도 실온에 보관해 수분을 증발시키고 사용한다.
- 석고에 색상을 넣어 작업할 경우 석고용 색소를 사용하거나 정제수에 아크릴 물감을 섞어 주면 컬러 석고방향제를 만들 수 있다.
- 시간이 지나 발향이 약해졌을 경우 석고방향제 뒷면에 향료를 몇 방울 떨어뜨려주면 다시 방향제로 사용이 가능하다.

5. 석고가루와 혼합액이 잘 섞이도록 골고루 저어준다

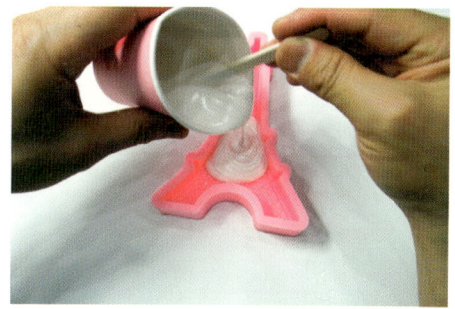

6. 몰드에 석고액을 붓는다.

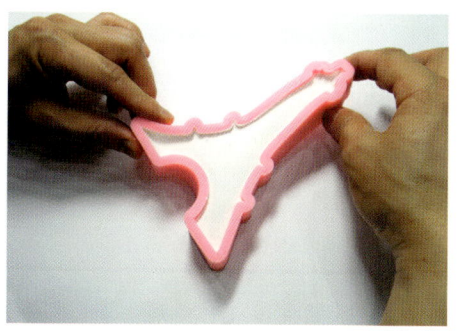

7. 바닥에 탕탕 쳐주어 기포를 제거한다.

8. 석고가 완전히 굳으면 몰드에서 꺼낸다.

### 3) 디퓨저

디퓨저 베이스와 향료만 있으면 쉽고 간단하게 디퓨저를 만들 수 있다. 석고방향제보다 지속 시간이 긴 디퓨저는 방향제 역할뿐만 아니라 용기에 따라 공간 분위기 연출로도 사용하기 좋다.

디퓨저 베이스 70㎖(70%), 프로그랜스 오일(레몬라벤더) 30㎖(30%), 디퓨저 용기 100㎖, 리드스틱 3개

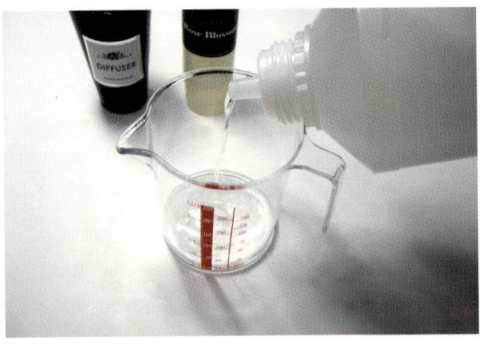

1. 유리 비커에 디퓨저 베이스를 계량한다.

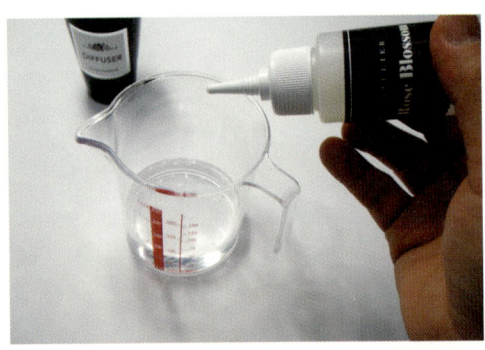

2. 유리 비커에 프로그랜스 오일을 계량한다.

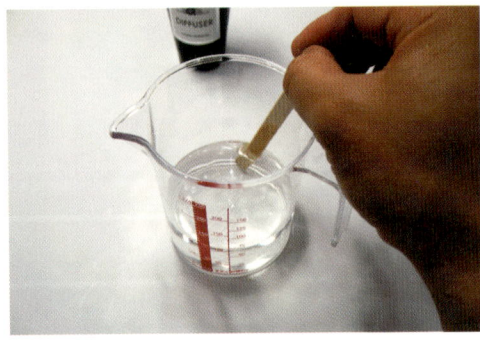

3. 디퓨저 베이스와 프로그랜스 오일이 잘 섞이도록 충분히 저어준다.

♣ **Check !**
- 완성된 디퓨저는 뚜껑을 닫아 일주일정도 숙성시킨 후 사용하는 것이 좋다.
- 발향력을 높이고 싶은 경우 디퓨저 베이스의 비율을 낮추고 프로그랜스 오일의 비율을 높이면 된다.(6:4 정도) 반대로 발향력을 낮추고 싶은 경우 디퓨저 베이스의 비율을 높이고 프로그랜스 오일의 비율을 낮추면 된다.(8:2정도)
- 리드 스틱의 개수에 따라 발향력이 달라진다. 리드스틱을 많이 꽂을수록 발향이 높아지며 대신 디퓨저 사용시간이 짧아진다.

4. 디퓨저 용기에 옮긴다.

5. 용기에 리드 스틱을 꽂아 완성한다.

### 4) 룸 스프레이

룸 스프레이는 스프레이 타입으로 지속적으로 은은한 향이 퍼지는 디퓨저와는 달리 빠르고 강하게 확산되어 공기를 정화시켜 주는 역할을 한다. 지속력은 약한 편이지만 환기가 어렵거나 음식 냄새를 없애고 싶을 때 등 공기 탈취를 위해 사용하면 효과적이다.

**재료** 룸 스프레이 베이스180㎖(90%), 프로그랜스 오일(클린코튼) 20㎖(10%), 알루미늄 스프레이 용기 200㎖

1. 유리 비커에 룸 스프레이 베이스를 계량한다.

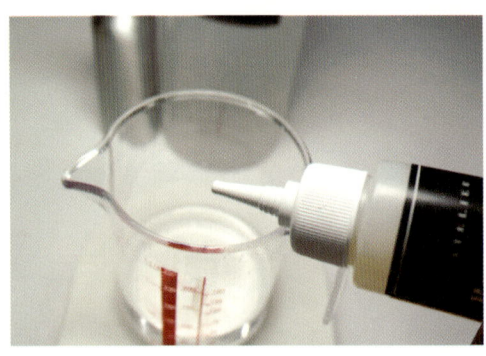

2. 유리 비커에 프로그랜스 오일을 계량한다.

3. 룸 스프레이 베이스와 프로그랜스 오일이 잘 섞이도록 저어준다.

### ♣ Check !

- 룸 스레이를 만들어 사용할 경우 2주정도 숙성을 시킨 후 사용하면 더욱 안정적인 향을 느낄 수 있다.
- 룸 스프레이는 커튼이나 쿠션 등 패브릭 섬유에도 사용이 가능하다. 패브릭에 사용할 경우 컬러가 있는 향료는 착색이 될 수 있기 때문에 되도록 사용을 자제하는 것이 좋다.

4. 룸 스프레이 용기에 옮겨 담아 완성한다.

### 5) 향수

초보자들이 고급향수를 똑같이 재현해 만든다는 것은 현실적으로 불가능하다. 하지만 향수베이스를 이용해 쉽게 천연향수를 만들 수 있다. 여러 종류의 향수를 만들어 그날의 기분에 따라 활용하는 것도 좋을 듯하다.

**재료**  향수 베이스 40㎖ (80%), 프래그랜스 오일(블랙베리 & 베이) 10㎖ (20%), 향수용기 50㎖

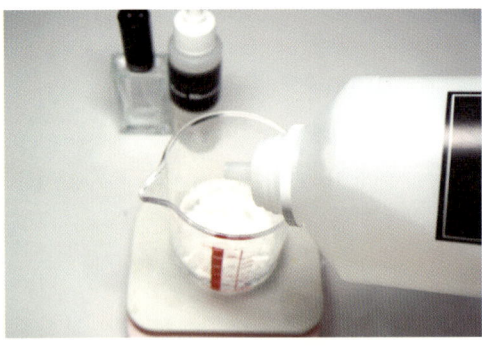

1. 유리 비커에 향수 베이스를 계량한다.

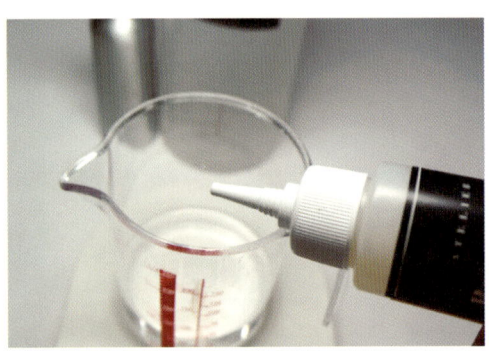

2. 유리 비커에 프래그랜스 오일을 계량한다.

3. 향수 베이스와 프래그랜스 오일이 잘 섞이도록 저어준다.

♣ **Check !**

– 향수를 만들자마자 사용하게 되면 에탄올 향이 강하게 느껴질 수 있기 때문에 만든 후 최소 3주 이상 숙성시킨 후 사용하는 것이 좋다.
– 향수는 탑노트, 미들노트, 베이스노트를 생각해서 만드는 것이 좋지만 초보자들이 조향하기란 쉽지 않기 때문에 시중에 나와 있는 향료를 사용해 만들기를 추천한다.

4. 향수 용기에 옮겨 완성한다.

# 1. 프리저브드 플라워란

'시들지 않는 꽃'으로 잘 알려진 프리저브드 플라워(Preserved Flower)는 생화(生花)를 특수 가공처리 하여 생화처럼 싱싱함과 부드러움을 간직한 꽃으로, 생화가 가장 아름답게 피었을 때 탈수, 침수, 배수, 건조라는 4단계에 걸쳐 특수 보존액 처리를 하여 생화의 아름다움을 장기간 유지할 수 있도록 만들어진 새로운 개념의 가공 보존화이다.

주변에서 흔히 접할 수 있는 생화는 싱싱하고 아름답지만 금방 시들어 버리는 단점이 있다. 이와 같은 생화의 단점을 보완하여 오래도록 볼 수 있는 조화(造花)가 있다. 하지만 조화는 생화와는 다른 인공적인 어색함이 있다. 하지만 프리저브드 플라워는 생화와 조화의 장점만을 지녀 시간이 지나도 아름답고 자연스러운 모습 그대로 보존 가능한 꽃이 프리저브드 플라워인 것이다.

건조 가공화로 드라이플라워나 압화가 있지만 드라이플라워는 딱딱하여 부스러지기 쉽고, 압화는 평면적인 디자인을 벗어나지 못한다. 이들에 비하여 프리저브드 플라워는 부드러울 뿐만 아니라 어떤 형태의 디자인으로도 작품 제작이 가능한, 말하자면 프리저브드 플라워는 드라이플라워나 압화의 단점을 모두 극복한 이상적인 가공화이다. 그래서 프리저브드 플라워 예찬론자들은 프리저브드 팔라워야말로 인류가 오래도록 염원해 온 '꿈의 꽃'이요 '마법의 꽃'이라고 찬탄한다.

또한 전문가들은 프리저브드 플라워를 생화의 경제적, 미적 가치를 높인 꽃으로 평가한다. 비록 구입비용은 생화보다 높더라도 보존성을 고려하면 생화보다 훨씬 경제적이며, 활용도 면에서도 화훼장식뿐만 아니라 공예 등 다른 분야에까지 활용할 수 있기 때문에 생화보다도 예술적 활용가치도 크다. 여기에 더하여 프리저브드 플라워는 실생활에 쓰일 수 있는 공예품으로도 활용 가능하므로 실용적 가치 또한 높아졌다고 볼 수 있다. 이처럼 프리저브드 플라워는 단명의 생화, 인공적인 조화는 물론 그 어떤 건조 가공화보다도 탁월한 장점을 지닌 고부가가치 꽃으로서 화예(花藝, Fower Art) 세계의 지평을 넓힐 수 있는 획기적인 플라워아트 소재이다.

## 2. 프리저브드 플라워의 역사

프리저브드 플라워는 1980년대 이탈리아에서 잎 종류와 작은 꽃을 대상으로 글리세린을 흡수시켜 수명을 연장시킬 때 사용하던 기술의 시작이었다.

지금과 같은 착색 방법의 가공 기술을 최초로 개발해 낸 것은 프랑스의 베르몽(Vermont)사이다. 1970년대 후반 프랑스 베르몽사와 벨기에 브뤼셀 대학, 독일 베를린 대학이 공동으로 연구에 시작하여 10여 년의 연구 끝에 1987년 마침내 성공을 거두었던 것이다.

동양에서 프리저브드 플라워가 처음 소개된 곳은 일본이다. 그러나 일본에서도 이 꽃이 처음부터 주목을 받은 것은 아니었다. 인기를 끌기 시작한 것은 1998년 유럽산이 아닌 콜롬비아산 프리저브드 플라워가 들어오고부터였다.

이후 일본에서 프리저브드 플라워는 '시들지 않는 꽃', '마법의 꽃'으로 불리며 수요가 급증하면서 폭발적인 인기를 누리기 시작하였다. 수입산 외에도 일본 자체 제품들이 속속 출시되는가 하면 세계 각지의 브랜드가 참여하는 대규모 전시회와 작품 대회가 성황리에 개최되기도 했다. 이러한 대회는 지금도 해마다 열리고 있다.

현재도 일본의 프리저브드 플라워는 아카데미 시장과 부케 시장, 생화매장과 백화점, 마트 등의 화훼시장에서 여전히 큰 인기를 누리고 있으며 전 세계적으로 생산되는 프리저브드 플라워의 60 ~ 70%를 일본에서 소비할 정도로 일본의 프리저브드 플라워 사랑은 대단하다. 중국에도 프리저브드 플라워가 상륙하여 홍콩, 상하이 등을 중심으로 인기이며 중국산 브랜드도 개발되어 판매되고 있다. 이제 프리저브드 플라워는 일본을 비롯하여 유럽, 남미, 미국, 중국 등 각지에서 많은 브랜드를 창출하며 화훼업계의 새로운 총아로 자리 잡고 있다.

우리나라에는 2004년 무렵 일본을 통하여 프리저브드 플라워가 처음 소개되었다. 그러나 전량 수입에 의존하다 보니 가격이 높고, 홍보 또한 미흡하여 크게 활성화 되지는 못하고 있었다. 그러다가 2008년 농촌진흥청과 국내 전문 업체인 나무 트레이딩이 공동의 연구와 노력으로 가공용 약을 개발하여 프리저브드 플라워 생산에 성공함으로써 국산화의 길이 열리고 그에 따라 가격도

낮출 수 있게 되었다.

프리저브드 플라워에 관심을 가진 이들이 작품 연구에 몰두하여 다양한 디자인을 개발하고 전시회나 박람회 등을 통해 대중에게 선보이는 등 적극적인 연구와 홍보에 나서면서 점차 일반인들의 관심도 커지게 되었다. 2016년 현재 프리저브드 플라워는 관련 협회나 이를 강의하는 아카데미가 점차 증가하고 있으며, 선물용품점이나 인터넷 등을 통한 일반인들의 소비 또한 꾸준히 늘어나고 있다. 프리저브드 플라워 가공 기술도 더욱 발달하여 방수코팅제나 향기 나는 꽃이 개발되는가 하면 야광 효과, 냄새 제거, 공기정화, 발향 등 다기능성 프리저브드 플라워가 개발되는 등 새로운 기술이 속속 선보이고 있고, 국산 프리저브드 플라워가 일본, 중국 등지로 수출되기로 한다. 또 가공기술을 가진 업체들의 수도 늘어나고 있다. 이처럼 우리나라의 프리저브드 플라워 시장은 도입 이후 꾸준하게 성장해오고 있으며 이러한 추세는 앞으로 더욱 가속화 될 것으로 전망된다.

한편, 프리저브드 플라워는 현재 침체일로에 있는 우리나라 화훼 소비시장에 활력을 넣어 줄 수 있는 대한의 하나로 주목받고 있기도 하다. 작금이 실리위주 소비추세가 일시적인 생화보다는 내구적인 프리저브드 플라워 쪽으로 기울 것이라는 전망과 더불어 프리저브드 플라워는 생화를 가공하여 생산하기 때문에 생화 소비에도 일조할 것이라는 기대 때문이다. 과련 전문가들은 프리저브드 플라워가 생화생산업과 동반성장할 수 있는 화훼업계의 블루오션으로 장차 화훼업계의 판도를 바꾸어 놓을 수 있는 아이템이 될 수도 있을 것이라 보고 있다.

프리저브드 플라워는 1991년 프랑스에서 개발되었으며, 그 후 다수의 인기 꽃디자이너들이 프리저브드 플라워를 이용하여 작품을 만들었으며, 일본을 포함한 전세계에 인기를 끌게 되었다. 그 인기는 금새 사그라지지 않았는데 그 이유는 생화보다 가벼워서 웨딩 부케나 꽃 장식등에 사용 되면서이다

# 프리저브드 플라워 도구

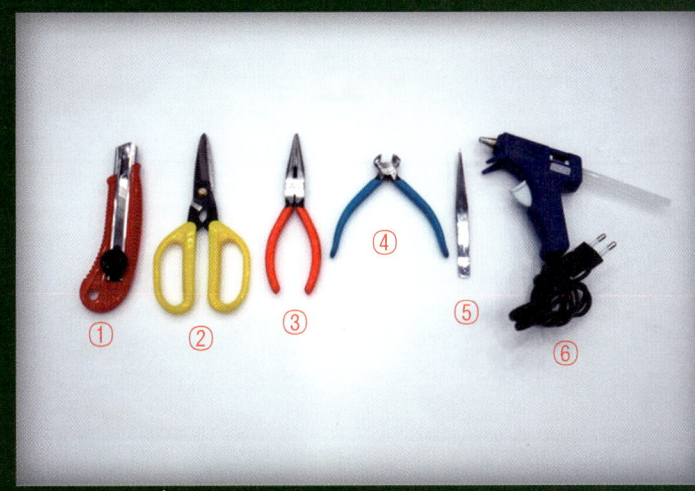

① 칼 - 우레탄 폼이나 플로랄 폼을 자를 때 사용한다.

② 꽃가위 - 꽃의 줄기나 그린소재를 자를 때 사용한다.

③ 니퍼 - 와이어를 자를 때 사용한다.

④ 롱노우즈 펜치 - 와이어를 구부리거나 휠 때 사용한다.

# 4. 프리저브드 플라워의 기법

## 1) 와이어 기법
### (1) 피어싱 메소드

① 꽃받침 부분을 잡고 줄기에 직각이 되도록 일자로 꽂는다.

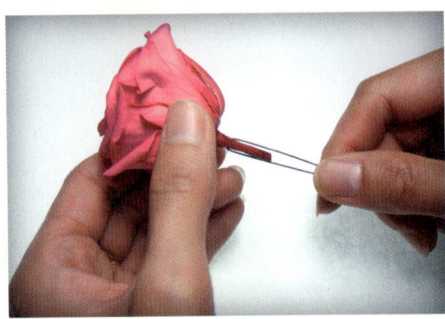

② 와이어를 아래로 모아준다.

③ 줄기와 와이어를 플로랄 테이프로 감아준다.

## (2) 크로스 메소드

① 꽃받침 부분을 잡고 줄기에 직각이 되도록 일자로 와이어를 1개를 꽂은 후, 십자모양이 되도록 하나 더 꽂는다.

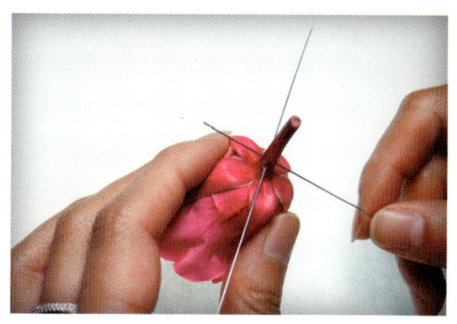

② 와이어를 아래로 모아준다.

③ 줄기와 와이어를 플로랄 테이프로 감아준다.

### (3) 후킹 메소드

① 와이어의 끝부분을 롱로우즈를 이용하여 갈고리 모양으로 만든다.

② 와이어를 꽃 중앙부분에서 줄기까지 통과시킨다.

③ 갈고리 모양이 보이지 않도록 당긴다.

④ 줄기와 와이어를 플로랄 테이프로 감아준다.

## (4) 헤어핀 메소드

① 잎 뒷면 중앙부분에 와이어를 시침질 하듯 떠준다.

② 와이어를 아래쪽으로 모아준다.

③ 와이어 한 쪽을 잡고 줄기와 와이어에 두세 번 감아준다.

④ 줄기와 와이어를 플로랄 테이프로 감아준다.

## (5) 트위스팅 메소드

① 지철사를 구부려 수국 줄기 위에 올린다.

② 지철사 한 쪽을 잡고 줄기와 와이어에 스프링처럼 감아준다.

③ 줄기와 와이어를 플로랄 폼으로 감아준다.

## 2) 블루밍 기법

### (1) 솜이나 휴지를 이용해 키우는 방법

① 솜이나 휴지를 말아서 1cm씩 잘라놓는다.

② 장미 줄기를 잡고 꽃잎의 바깥쪽에 핀셋을 이용하여 솜이나 휴지를 넣어준다.

③ 바깥쪽부터 안쪽까지 차례대로 솜을 넣으며 꽃을 키워준다.

## (2) 글루를 이용해 키우는 방법

① 장미의 바깥쪽 꽃잎을 벌린 다음 꽃잎 안쪽에 글루건을 한방울 떨어뜨린다.

② 바로 앞쪽의 꽃잎을 핀셋으로 벌려준다.

③ 바깥쪽부터 순서대로 글루를 떨어뜨려 작업한다.

④ 너무 안쪽은 벌리지 않고 그대로 둔다.

## (3) 멜리아 기법을 이용한 방법

① 꽃잎을 한 장씩 순서대로 떼어준다.

② 떼어낸 꽃잎의 아랫부분을 수평으로 조금 잘라준다.

③ 자른 꽃잎 아랫부분을 글루건이나 본드를 사용해서 붙여준다.

④ 핀셋을 이용해서 조금씩 벌려주면서 차례대로 반복해서 꽃잎을 붙여준다.

# 5. 프리저브드플라워 만들기

### 1) 화기 어렌지먼트

#### (1) 한 송이 카네이션

일반적으로 떠올리는 빨간 카네이션이 아닌 핑크 컬러의 카네이션과 수국을 이용하여 빈티지한 화이트 화기 위에 솜사탕처럼 달콤하면서도 사랑스러운 느낌으로 어렌지 해주었다. 카네이션 대신 장미나 잉글랜드로즈 등을 사용하면 또 다른 느낌으로 연출할 수 있다.

> **재료**  스탠다드 카네이션 1송이(베이비 핑크), 투톤수국(핑크), 펄 안개(핑크),
> 레인디어 모스(메이그린)

1. 플로랄 폼을 알맞은 크기로 잘라 화기에 넣어 글루건으로 고정한다.

2. 플로랄 폼 위에 레인디어 모스를 깔고 와이어로 U핀을 만들어 고정한다.

3. 카네이션을 크로스 메소드 기법으로 와이어링 작업 후 플로랄 테이프로 감아준다. 수국과 안개도 트위스팅 기법으로 와이어링 후 플로랄 테이프로 감는다.

4. 카네이션을 화기 중앙에 꽂아준다.

5. 카네이션 주변으로 수국을 카네이션보다 살짝 낮은 높이로 꽂아 준다.

6. 카네이션과 수국 사이에 펄안개를 꽂아 하늘하늘한 느낌으로 표현한다.

### (2) 빈티지 화기 어렌지먼트

빈티지한 느낌의 머그잔 모양 화기에 싱그러움이 가득한 그린계열의 소재들을 사용하여 그린티 라떼의 느낌을 연출해보았다. 그린톤의 차분한 컬러가 보고 있으면 마음이 편안해지는 기분이 든다.

| 재료 | 메디아나 로즈 1송이(시트러스 그린), 스프레이 로즈 1송이(그린티), 수국, 나비수국(그린), 솔라로즈, 회양목, 니겔라오리엔탈, 레인디어 모스(메이그린) |

1. 화기에 플로랄 폼을 알맞은 크기로 넣어 글루건으로 고정한다.

2. 플로랄 폼 위에 레인디어 모스를 와이어로 U핀을 만들어 고정한다. 장미를 게더링 기법으로 예쁘게 키운 후 꽃과 소재들을 와이어링 및 테이핑 작업을 한다.

3. 메디아나 사이즈의 장미를 중앙에 꽂은 후 스프레이 사이즈의 장미도 앞쪽에 살짝 낮게 꽂아준다. 솔라로즈도 높낮이를 주어 장미와 어우러지게 꽂아준다.

4. 장미 사이에 수국을 자연스럽게 꽂아 준다.

5. 나머지 소재들도 생동감 있게 표현하여 완성한다.

### (3) 테이블 센터피스

메탈 느낌의 실버베이스에 블루톤의 장미로 무더운 여름 보고만 있어도 시원한 바람이 부는 듯한 청량감이 돋보이는 테이블 센터피스를 완성해보았다.

**재료** 메디아나 로즈(라벤더 블루 2송이, 파나코타 1송이, 듀엣 파우더블루 1송이), 카네이션 (파우더블루 2송이), 소라마가렛(화이트 2송이), 투톤수국(블루), 라이스플라워(화이트), 블랙베리, 레인디어 모스(내추럴)

1. 화기에 플로랄 폼을 알맞은 크기로 넣어 글루건으로 고정한다.

2. 플로랄 폼 위에 레인디어 모스를 와이어로 U핀을 만들어 고정한다. 소재들을 와이어링 및 테이핑한다.

3. 장미, 카네이션, 소라마가렛을 화기에 낮게 사방으로 꽂아준다.

4. 장미와 카네이션 사이사이에 수국을 꽂는다.

5. 블랙베리와 라이스플라워로 조화롭게 연출한다.

6. 청량감 넘치는 테이블 센터피스 완성

2) 꽃바구니

### 내츄럴 꽃바구니

따뜻한 봄날 나들이를 떠나 만난 들판 위에 봄꽃을 옮겨 담은 듯한 분위기의 꽃바구니를 만들어 보았다. 피크닉 바구니를 연상케 하는 바구니에 봄날의 설렘과 싱그러움을 모두 담았다.

**재료** 메디아나 로즈(베이비핑크) 3송이, 스탠다드 카네이션(파나코타) 2송이, 수국(화이트, 피스타치오), 실버데이지(핑크), 안개(핑크), 크리스팜(핑크), 페퍼밸리, 레인디어 모스(리프그린)

1. 바구니에 플로랄 폼을 알맞은 크기로 넣어 글루건으로 고정한다. 모든 소재들은 와이어링 및 테이핑 작업을 한다.

2. 플로랄 폼 위에 모스를 깔아준 후 예쁘게 키운 장미를 먼저 꽂아준다.

3. 분홍장미 사이사이에 하얀 카네이션을 자연스럽게 배치해 준다.

4. 수국을 장미와 카네이션 사이에 풍성하게 꽂는다.

5. 실버데이지, 페퍼밸리 등으로 포인트를 주어 전체적인 바구니의 분위기를 완성한다.

3) 플라워박스

### (1) 햇 박스

깊은 가을, 카페에 앉아
커피 한 잔의 여유로움을 햇 박스로 표현했다.
카페 라떼가 생각나는 브라운 컬러를 주조색으로 연출하고
자칫 지루할 수 있는 배색에 화이트와 미스트 수국으로
변화를 주었다. 아프리칸 콘과 연밥의 자연소재가
가을 느낌을 한층 살려준다.

**재료** 메디아나 로즈(카페 2송이, 라이트 카페 2송이, 헤이즐럿 1송이), 스프레이(헤이즐럿 2송이), 수국(화이트, 미스트 그린), 연밥, 아프리칸 콘, 린플라워

1. 바구니에 플로랄 폼을 바구니 위로 살짝 올라올 정도로 넣어 고정한다.

2. 바구니 뚜껑이 살짝 덮이도록 플로랄 폼 위에 10cm 정도 높이로 나뭇가지를 꽂아준다. 장미는 예쁘게 게더링을 하고 소재들은 와이어링 후 테이핑 작업을 한다.

3. 바구니 뚜껑을 올려 고정시킨 후 예쁘게 키운 장미를 바구니에 알맞게 배치하여 꽂아준다.

4. 수국을 장미 사이사이에 그룹핑하고 아프리칸 콘도 함께 꽂아준다.

5. 연밥과 린플라워를 자연스럽게 꽂아주어 완성한다.

### (2) 파베 플라워 박스

질서정연하게 잘 정돈된 느낌의 플라워박스를 완성해보았다. 선명한 컬러매치로 지루할 수 있는 디자인에 생동감을 살려 표현했다. 파스텔 톤의 블루와 핑크 컬러가 대비되어 화사한 느낌을 안겨준다.

**재료** 스프레이 로즈(베이비핑크 4송이, 뉴욕핑크 4송이),
미니카네이션 4송이(화이트), 수국(파우더 블루), 레인디어 모스(내추럴)

1. 박스 뚜껑을 덮었을 때 꽃이 눌리지 않도록 박스 사이즈에 맞게 플로랄 폼을 재단해 고정시킨 후 모스를 깔고 U핀으로 고정한다.

2. 재료를 모두 와이어링 한 후 테이핑을 한다. 박스를 4등분하여 대각선 방향으로 장미를 최대한 낮게 꽂아준다.

3. 비어있는 두 공간 중 한 쪽 면에 블루 톤의 수국을 같은 높이로 꽂아준다.

4. 남은 한 공간에 카네이션을 꽂아 완성한다.

### (3) 오렌지 플라워 박스

톤 다운된 그린 톤의 박스에 오렌지의 상큼함을 그대로 담아보았다. 크게 게더링한 오렌지 컬러의 장미와 상큼함을 배가시켜주는 그린 컬러의 조화가 돋보인다. 말린 슬라이스 오렌지를 함께 데코를 하여 상큼 발랄함을 극대화시켰다.

**재료**  메디아나 로즈 3송이(탠저린 오렌지), 스프레이 로즈 2송이(애플그린), 잉글랜드 로즈 2송이(오렌지), 미니 카네이션 2송이(민트그린), 수국(투톤그린, 아이보리), 오렌지 슬라이스, 레인디어 모스(메이그린)

1. 박스 뚜껑을 덮었을 때 꽃이 눌리지 않도록 박스 사이즈에 맞게 플로랄 폼을 재단해 고정시킨 후 모스를 깔고 U핀으로 고정한다.

2. 장미는 게더링한 후 와이어링과 테이핑을 한다. 나머지 재료들도 모두 와이어링 한 후 테이핑을 한다. 장미와 잉글랜드 로즈, 카네이션을 위치를 잡아 박스 높이에 맞게 꽂아준다.

3. 장미와 카네이션 사이에 수국을 빈틈없이 채워준다.

4. 오렌지 슬라이스로 장식하여 마무리한다. 뚜껑장식도 통일감있게 가볍게 장식한다.

## 4) 인테리어 소품

### (1) 자연소재를 이용한 액자

프리저브드 플라워는 다양한 소재를 이용해 작품을 만들기도 한다. 원목 액자에 자연 그대로의 느낌이 전해지는 나무, 열매, 이끼 등 다양한 천연 소재들로 소박하지만 정겨움을 느낄 수 있는 편안한 느낌의 홈 데코 소품을 디자인했다.

**재료** 스페니쉬 모스, 나무 조각, 운지버섯, 유칼립투스 열매, 오리목 열매, 엠버너트

1. 원하는 디자인을 구상한 후 전체틀을 잡아줄 나무조각을 글루건으로 고정시킨다.

2. 스페니쉬 모스를 나무 주변으로 이끼 느낌이 나도록 표현하여 목공본드로 고정한다.

3. 운지버섯, 엠버너트와 같은 자연 소재를 알맞은 사이즈로 손질하여 내추럴한 느낌이 나도록 디자인해서 고정한다.

4. 유칼리 열매와 오리목 열매 등으로 채워 마무리한다.

### (2) 마블 이젤 액자

밤하늘에 가득한 별을 수놓은 느낌으로
별모양의 스타플라워를 마블 액자에 가득 담았다.
이젤 위에 올려 두면 인테리어 소품으로 안성맞춤이다.
마블액자에 미니 꽃다발을 만들어 장식하면
또 다른 느낌의 소품으로 탄생한다.

| 재료 |
|---|
| 스타플라워, 이젤액자 |

1. 이젤 액자와 스타플라워를 색상별로 준비한다.

2. 색색의 스타플라워를 꽃부분만 꽃가위로 잘라 모아둔다.

3. 여러 가지 색상을 혼합하여 알록달록한 느낌으로 촘촘하게 글루건으로 붙인다.

4. 빈틈이 없도록 스타플라워를 액자 안에 꽉 차게 붙여준다.

5. 완성된 액자를 이젤에 떨어지지 않도록 자리를 잡아준다.

### (3) 탁상시계

우아하면서도 신비로운
색상의 매력적인 보랏빛의 탁상시계.
신혼부부나 집들이 선물용뿐만 아니라
책상 위 소품으로 손색없다.

> **재료**
> 스프레이 로즈(라벤더 1 송이, 바이올렛 1 송이),
> 베이비 로즈(바이올렛 1 송이), 피콜라 로즈(체리블러썸 1송이),
> 스페니쉬 모스(바이올렛), 페퍼벨리, 나비수국, 연밥

1. 디자인을 구상한 후 시계 뒷판에 꽃을 장식할 부분에 스페니쉬 모스를 얇게 깔고 글루건으로 고정한다.

2. 장미를 원하는 위치에 입체감있게 글루건으로 고정시킨다.

3. 수국과 연밥, 페퍼밸리 등 어울리는 소재로 적당한 위치에 보기 좋게 채워준다.

4. 시계 틀에 넣어 완성한다.

### (4) 리스

계절을 알려주는 리스. 봄이 가고 초여름이 왔음을 알린다.
싱그러운 느낌의 그린 계열의 수국리스에
토툼, 카나리 그라스 등의 소재로 입체감을 살려 표현했다.

**재료** 리스틀, 수국(민트그린, 파스타치오 그린), 토툼, 카나리그라스, 헤데라 잎

1. 리스틀에 수국을 조금씩 나눠 골고루 붙인다.

2. 일정한 두께가 되도록 리스를 빈틈없이 채워준다.

3. 토툼과 카나리그라스, 헤데라 잎으로 군데군데 장식하여 완성한다.

### (5) 쥬얼리 박스

고급스러운 느낌의 브라운 틀에 프렌치한 감성을 담은 쥬얼리 박스.
매일 아침 화장대 앞에 앉아 거울을 보며 예쁘게 단장을 하고 마지막을 장식해줄
여자들의 비밀스러운 필수품이자 로망을 간직하게 해준다.

> **재료**  잉글랜드 로즈 2송이(투톤 핑크), 베이비 로즈(체리 블러썸 1송이, 라벤더 핑크 1송이), 프렌치 마리안 2송이(화이트), 미니 카네이션 (민트그린 3송이), 미니 잉글랜드 로즈 1송이, 수국(민트그린, 피스타치오그린), 라이스플라워

1. 보석함 안쪽 부분을 글루건을 이용하여 모스를 전체적으로 깔아준 뒤 고정시킨다.

2. 장미와 프렌치마리안, 카네이션을 조화롭게 배치하여 글루건으로 고정시킨다.

3. 수국과 라이스플라워로 보석함을 채워준다.

### (1) 프렌치 마리안 팔찌

티 없이 맑은 소녀의 순수함이 고스란히 전해진다.
가만히 있어도 반짝반짝 빛이 나던 시절을
큐빅으로 촘촘히 박은 링으로 표현하였으며
깨끗한 느낌의 프렌치 마리안과 싱그러움을 가득
머금은 그린 소재가 어우러져 풋풋함을 더해준다.

## 재료

프렌치 마리안 1송이, 민트플라워, 램스이어, 러스커스, 나비수국

1. 팔찌에 글루로 램스이어를 사선으로 고정한다.

2. 램스이어 위에 프랜치마리안과 민트플라워를 자연스럽게 배치하여 고정한다.

3. 나비수국와 러스커스로 장식한다.

4. 드라이 소재를 이용하여 라인을 만들어 완성한다.

## (2) 트로피칼 머리띠

에메랄드빛 바다 앞 야자수가 있는 휴양지에
어울릴 듯한 느낌의 머리띠 장식을 연출해 보았다.
파인애플, 파파야, 망고 등의 열대과일을
모티브로 골든볼, 라벤더, 부르니아,
오렌지 컬러의 깃털로 상큼함과
이국적인 느낌을 표현했다.

> **재료**  머리띠, 폼폼소국(화이트), 골든볼, 부루니아, 라벤더, 깃털

1. 머리띠와 소재를 준비한다.

2. 머리띠를 썼을 때 너무 높지 않도록 주의하며 머리띠에 깃털을 고정한다.

3. 나머지 소재들을 자연스럽게 장식하여 내추럴한 느낌이 나도록 연출한다.

6) 기념일

### (1) 발렌타인 데이

사랑을 전하는 날, 발렌타인 데이.
발렌타인 데이에 가장 대표적인 컬러인
레드계열의 프리저브드 플라워와
골드 빛의 초콜릿이 고급스러움을 더해준다.
톤 다운된 그레이 색상의 원형 박스에
활짝 핀 정열적인 느낌의
멜리아 로즈가 한눈에 들어온다.

> **재료**  스탠다드 로즈(레드 2송이) , 스프레이 로즈(레드 1송이) 1, 수국(와인), 초콜렛

1. 스탠다드 장미 2송이 모두 꽃잎을 차례대로 떼어 크기별로 모아둔다.

2. 꽃잎 아랫부분을 살짝 잘라내서 작은 사이즈의 잎부터 붙여 점차 크게 키워준다.

3. 멜리아 기법을 이용한 멜리아 로즈를 완성한다.

4. 완성된 멜리아로즈를 글루를 이용해 박스 뚜껑 중앙에 고정시킨다.

5. 박스 중앙에 장미 한송이를 고정시킨 후 초콜릿으로 넣어 장식한 뒤 빈틈을 수국으로 채운다.

6. 멜리아 로즈로 장식한 뚜껑을 닫아 완성한다.

### (2) 어버이 날
부모님께 감사함을 표현하는 어버이날.
따뜻한 가슴에 감사와 사랑의 마음을 표현한다.
건강을 뜻하는 빨간색 카네이션과 부드러운 느낌의
램스이어로 깔끔하게 연출했다.

**재료**

카네이션 (레드), 램스이어, 수구, 린 플라워, 진주, 레이스 리본

1. 모든 소재들을 와이어링 작업을 한다.

2. 램스이어 위에 카네이션을 올리고 와이어 한 가닥으로 고정한다.

3. 카네이션 앞과 뒤쪽에 수국을 고정시킨다.

4. 린플라워와 진주로 포인트를 준 후 리본을 달아 완성한다.

**(3) 생일**

생일을 맞은 친구 및 연인에게 정성이 담긴 카드로 축하의 마음을 전한다. 투톤컬러의 수국을 리스모양으로 고정시키고 사이사이 라이스플라워로 포인트를 주었다. 심플하면서도 투톤 수국의 하늘하늘한 느낌이 받는 사람의 마음을 더욱 기쁘게 한다.

> **재료**
> 카드종이, 투톤수국(블루), 라이스플라워, 클리어잉크, 클리어 스탬프, 아크릴 블록, 엠보싱가루

1. 카드지를 원하는 사이즈로 재단한다.

2. 아크릴 블록에 클리어스탬프를 부착한 후 클리어 잉크를 묻혀 카드 중앙에 스탬핑한다. 엠보싱 가루를 뿌린후 힛건으로 열을 가해 엠보싱이 살아나도록 한다.

3. 카드지 사이즈에 맞게 원형으로 수국을 붙인다.

4. 수국 사이에 라이스플라워로 장식을 하여 마무리한다.

### (4) 결혼기념일

체리블러썸과 누드핑크 색상을 사용하여 빈티지함이 물씬 풍기는 리스 형태의 박스로 리스 안쪽에 작은 선물을 넣을 수 있는 공간을 만들었다. 장미와 수국, 천일홍과 크리스팜으로 빈티지한 느낌을 살리고 연밥으로 완성도를 높였다.

**재료** 피콜라 장미(누드핑크, 체리블러썸), 투톤수국, 천일홍, 크리스팜(와인), 연밥

1. 박스 안에 작은 선물상자가 들어갈 공간을 비우고 플로랄 폼을 넣어준다.

2. 습자지로 플로랄 폼을 가린 후 선물상자를 넣는다.

3. 와이어를 이용해 박스 사이즈보다 살짝 작은 사이즈의 링을 만든다.

4. 소재들을 조금씩 그룹핑하여 플로랄 테이프로 감아준다.

5. 와이어로 만든 링에 플로랄 테이프를 한번 감은 후 그 위에 그룹핑한 소재를 플로랄 테이프로 엮어준다.

6. 전체적인 두께가 일정하도록 주의하여 한 방향으로 돌려가며 촘촘히 엮어 리스를 만든다.

7. 완성된 리스를 박스 안에 넣어 마무리 한다.

8. 화려한 장식의 리스는 준비한 선물을 더욱 돋보이게 한다.

## (5) 베이비 샤워

새 생명이 태어나 탄생을 알리고 축하해 주는 기념일.
이 세상에 첫발을 내딛는 것에 대한 축하의 의미와 무럭무럭 건강히 크길
바라는 마음을 담았다. 베이비파우더의 향기가 솔솔 풍기는 신발 모형의
석고방향제 위에 베이비 핑크톤의 장미와 함께 페퍼밸리로 장식하여
러블리한 느낌을 준다.

**재료**  신발모형 석고방향제, 베이비로즈(핑크 2송이), 수국, 펄안개(핑크), 페퍼밸리

1. 신발모형의 석고방향제 윗부분에 글루건으로 모스를 고정한다.

2. 장미 줄기를 바짝 잘라 신발 중앙에 고정한다.

3. 장미 주변으로 수국을 빙 둘러 준다.

4. 펄안개와 페퍼밸리를 아기자기한 느낌으로 장식한다.

### (6) 졸업식 꽃다발

하나의 시작이 결실을 맺는 졸업식. 졸업을 축하하는 마음을 담은 꽃다발이다. 또 다른 시작을 응원하는 마음을 담아 화려한 핫핑크톤 장미를 선택했다. 풍성한 라운드 형태로 묶어준 후 축하메세지가 담긴 태그도 함께 달았다.

**재료**  
메디아나 로즈(뉴욕핑크 2송이, 베이비핑크 1송이, 파나코타 2송이), 폼폼소국(소프트 라일락 2송이), 실버데이지, 수국, 헤데라, 브룸, 포장지, 리본, 태그

1. 장미를 예쁘게 키워 와이어링 한 후 높낮이를 주어 잡아준다.

2. 폼폼소국, 실버데이지, 수국으로 장미 사이에 끼워 라운드 형태로 잡아준다.

3. 헤데라로 꽃다발 아랫부분을 감싸는 느낌으로 잡아주고 브룸으로 싱그러움을 더해준다.

4. 꽃다발에 알맞은 사이즈로 포장지를 재단한다.

5. 포장지로 꽃다발을 자연스럽게 잡아 준 후 리본과 택을 달아 완성한다.

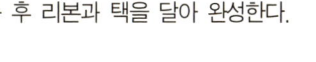

### ♥ 유한진 작가
한진컴퍼니 대표
(사)한국여가문화운동연합회 이사
(사)한국파티협회 교육이사
(사)국제파티예술문화협회 지부장
미래비전여가교육협회 예술.공연분과위원장
국가직무능력 NCS 개발위원(레크리에이션분야)
서일대, 예원예술대, 이화여대 사회교육원 외래교수
미래비전평생교육원 전임교수
저서 : 신나는 풍선교실, 알록달록 페이스페인팅

### ♥ 이유나 작가
Rose Blossom 대표
미래비전여가교육협회 예술.공예분과위원장
KPAA 한국프리저브드 플라워작가협회 정회원
한국양초공예협회 지도사범
미래비전평생교육원 전임교수

### ✱ 참고문헌
한국양초공예협회
KPAA 한국프리저브드플라워 작가협회
오늘부터, 캔들(정수빈 저, 중앙북스)
캔들북(이소영, 청출판)
Preserved Flower(최선복 외, KOKOJI)
DIY 프리저브드 플라워(전희숙 외, 부민문화사)